Méthodologie juridique

Djibril MAGASSOUBA

Méthodologie juridique

Préface de Sékou Maouloud KOÏTA

L'Harmattan
Guinée

5-7, rue de l'École-Polytechnique, 75005 Paris
http://www.editions-harmattan.fr
ISBN : 978-2-336-50370-7
EAN : 9782336503707

SOMMAIRE

PRÉFACE

Traditionnellement, un auteur sollicite son mentor ou une personne spécialiste de la question traitée, pour la préface de son ouvrage.

C'est donc toujours un honneur d'être invité pour une contribution scientifique ou littéraire destinée à être publiée.

C'est pourquoi, c'est avec plaisir et enthousiasme que j'ai accepté la sollicitation de l'auteur de ce livre, Monsieur Djibril MAGASSOUBA.

Pour présenter le présent livre, qu'il me soit permis de dire quelques mots sur mes relations avec son auteur.

D'abord, c'est pendant l'année universitaire de 2014-2015 que j'ai connu Monsieur Djibril MAGASSOUBA, comme étant étudiant pour l'obtention du diplôme de Master en droit des affaires de l'Université Général Lansana Conté Sonfonia-Conakry.

J'ai remarqué chez lui une grande curiosité scientifique, mais aussi, la pertinence de ses réflexions. Il fut l'un de mes étudiants les plus brillants de la cohorte 3.

Ensuite, Monsieur Djibril MAGASSOUBA est devenu mon collègue à la Faculté des sciences juridiques et politiques de l'Université précitée au compte des enseignants du département droit privé. En effet, dès après ses études, il fut chargé de dispenser le cours de la matière objet du présent livre.

Enfin, Monsieur MAGASSOUBA et moi sommes liés aussi par le service public de la Justice, lui en sa qualité de

Conseiller maître de la Cour des comptes de Guinée et moi en ma qualité d'avocat au Barreau de Guinée.

En effet, après plusieurs concours nationaux de recrutement, notamment, celui des élèves greffiers, qu'il a passé avec succès, Monsieur MAGASSOUBA a fait le choix de mettre son talent et son dynamisme au service de la haute juridiction financière de notre pays.

Toujours passionné par l'enseignement avec une ardente volonté de transmettre aux autres le savoir acquis, Monsieur Djibril MAGASSOUBA a conservé son cours de Méthodologie juridique, bien qu'il soit très occupé par sa fonction de Conseiller maître de la juridiction mentionnée ci-dessus.

Le présent livre portant sur la méthodologie juridique est motivé par la volonté de partager l'expérience en la matière avec tous les étudiants guinéens. Sa publication vise non seulement les étudiants de Monsieur MAGASSOUBA, mais aussi, tous les autres des établissements d'enseignement supérieurs privés.

Ce livre sera aussi un outil de travail majeur pour les enseignements et les praticiens du Droit.

Il n'exclut pas de ses cibles les profanes en Droit. Ceux-ci trouveront un intérêt et moyen d'améliorer leur culture générale.

Le livre de Monsieur MAGASSOUBA intervient dans un contexte social et politique marqué par une transition militaire dirigée par le Comité national du rassemblement pour le développement, (CNRD).

Les membres du CNRD ont pour ambition la refondation de notre nation qui passe par la construction ou la reconstruction des institutions républicaines.

Il se trouve que la science juridique est cette matière à laquelle sont assignés l'organisation et le fonctionnement desdites institutions, mais surtout, la protection des citoyens et de leurs biens.

Un accent particulier devrait être mis sur l'éducation et la formation universitaire des jeunes guinéens pour pouvoir atteindre l'objectif de la refondation pour un État émergent.

Or, pour cerner la science juridique et satisfaire les besoins pour lesquels l'on est sollicité, il est nécessaire de maitriser sa méthodologie.

En effet, pour parapher le penseur chinois, Confucius, nous dirons qu'en Droit, tout est dans la méthode.

Il se trouve que pour la matière, aucun auteur guinéen n'avait pensé à combler le vide énorme qui existait.

Monsieur MAGASSOUBA est donc le précurseur en la matière. Il a le mérite de s'attaquer à une matière fondamentale pour tous. Il met à notre disposition la clé pour ouvrir la porte de la vie.

Je pense et crois fermement à ce que je pense, qu'à ce livre de méthodologie juridique, un accueil chaleureux sera réservé par les lecteurs.

Mes propos ne sont pas gratuits. Ils sont fondés sur la qualité de la plume de l'auteur. Il a utilisé un style simple, accessible à tous. Ses analyses sont claires et précises. Le plus important est que l'objet du livre intéresse un grand public qui attendait vivement et impatiemment une telle contribution.

Avec tous ces éléments, il est logique d'être optimiste quant au succès du livre.

Quoi qu'il en soit, c'est mon souhait pour ce livre pour l'intérêt supérieur de notre pays engagé dans la réforme des programmes d'enseignement supérieur.

Sékou Maouloud KOÏTA
Docteur en droit privé et science criminelle
Habilité à diriger la recherche, HDR
Avocat au Barreau de Guinée

AVANT-PROPOS

La République de Guinée à travers l'Université Général Lansana Conté de Sonfonia Conakry (UGLC-SC) a une forte et ancienne tradition en Méthodologie juridique.

Toutefois, il manquait encore dans nos bibliothèques un ouvrage de Méthodologie juridique. Ainsi, en étant chargé de ce cours de puis sept (7) ans et conscient de ce constat que j'ai décidé d'élaborer cet ouvrage intitulé « Méthodologie juridique » qui s'adresse aux juristes en général et en particulier aux étudiants en Droit. Il servira d'un premier dans ce domaine en Guinée qui facilitera, je l'espère bien, aux étudiants de surmonter leurs difficultés dans les évaluations en classe de licence et de master (LM), aux candidats dans des concours d'accès à la formation des métiers de Droit et professionnels du métier de Droit, notamment ; la magistrature, l'avocature, le greffe, le notariat, etc.

Il a pour objet la Méthodologie en droit, qui est, et demeure un exercice complexe et sérieux pour les étudiants en Sciences juridiques. Nombreux sont parmi eux en Droit qui ne réussissent pas en Licence 1, d'autres dans des concours d'accès aux emplois pour faute de la non-maitrise des techniques rédactionnelles en droit (la dissertation juridique, le cas pratique, la consultation juridique, le commentaire de décision de justice, l'analyse de la décision de justice, le commentaire de textes, la technique d'interprétation des textes, la note de synthèse).

Ce présent ouvrage est loin d'être parfait, il constitue donc, un essai. Raison de plus, vos observations et suggestions me permettront de l'enrichir davantage.

Remerciements

Je remercie Allah, le Miséricordieux par essence et par excellence pour sa grâce qui m'a permis d'accomplir ce travail dans la santé, en ayant le temps nécessaire, les moyens spirituels et matériels.

Mes sincères remerciements à ma tendre mère, Mme. MAGASSOUBA née FANTA MAGASSOUBA pour sa détermination sans faille dans l'éducation qu'elle m'a procurée, ajoutée à son amour maternel, par son soutien indéfectible à mon égard, qui a apporté aujourd'hui ses résultats. Je trouve ici l'opportunité de lui exprimer mes sentiments les plus profonds.

Toute ma gratitude à mon cher père, SINIMAGHAN, qui nous a quitté depuis longtemps. Ses conseils et instructions inconditionnels à mon égard me permettent aujourd'hui de multiplier les résultats. La mort l'a arraché au moment où je poursuivais mes études, le privant ainsi du plaisir de récolter les fruits de ce qu'il a semé. Sa détermination dans le combat mené pour ma réussite durant, restera à jamais un souvenir gravé dans mon esprit. Je trouve ici l'occasion de lui exprimer toute ma gratitude : Papa, qu'Allah t'agrée, "Amin" !

Je remercie infiniment mon tendre épouse pour son implication de tous les jours dans mes projets académiques et professionnels. Coucou à mes enfants pour lesquels j'ai une immense affection.

Je ne saurais terminer sans remercier Monsieur Youssouf DIABATE, qui anime ce cours à mes côtés depuis plusieurs années, surtout d'avoir assuré la lecture de ce travail. Il s'est investi pleinement pour que les coquilles de ce travail soient suffisamment cassées. Grâce à lui, la présentation de ce document a retrouvé sa valeur actuelle. Recois cher désormais collègue magistrat en cette occasion, mes vifs remerciements.

Je dédie cette œuvre à mes chers lecteurs qui s'y trouvent de l'intérêt toujours.

MENTION SPÉCIALE

La méthodologie enseignée doit préparer nos étudiants et candidats à leurs tâches universitaires et professionnelles qui sont à base d'analyse et de réflexion.

Selon le mot de J.M. MOUSSERON : « *le droit est un magnifique terrain d'analyse et les réflexes acquis à sa fréquentation serviront, sur tous les terrains que nos étudiants d'aujourd'hui devront, demain, parcourir et défricher.* »

DÉDICACE

Je dédie ce premier ouvrage à mes enfants : Abdoul Aziz, Fanta Neyla, M'Bamaghan Jalila et Sinimaghan Saïd.

INTRODUCTION

La méthodologie juridique est le meilleur logiciel pour décrocher le Droit.

Les séances de méthodologie introduites dans le programme de première année de droit ont pour but d'initier les étudiants aux études supérieures, plus particulièrement au travail universitaire dans une discipline spécifique.

Le Droit, c'est la rigueur, et pour le réussir, il faut suivre une méthodologie de travail.

Les sciences sont enseignées, distinguées et traitées suivant de différentes méthodes qui constituent, entre elles, leur particularité. Ainsi, la méthode qui traite les sujets de droit en Licence, en Master, en Doctorat et dans les Concours, à la justice, à l'Assemblée nationale est la méthodologie juridique (la Méthodologie fondamentale et la Méthodologie appliquée).

Le mot méthodologie n'étant pas défini ni, par le Lexique des termes juridiques ni, par le dictionnaire du vocabulaire juridique, encore moins par un texte à caractère juridique, il est possible d'en déduire que ce mot n'est pas d'origine juridique.

La méthodologie ne doit pas être confondue avec la méthode. Les dictionnaires de la langue française définissent cette première en tant qu'« étude systématique, par observation de la pratique, des principes qui la fondent et des méthodes utilisées », tandis qu'ils voient dans la méthode un « ensemble ordonné de principes, de règles, d'étapes, qui constitue un moyen pour parvenir à un résultat », ou encore un « ensemble de règles qui permettent l'apprentissage d'une technique, d'une science ». La méthodologie est littéralement la « science de la méthode » ou le « discours sur la méthode », le grec ancien « logos » signifiant « discours ». Comme la sociologie n'est pas la société, mais le discours sur la société, la science de la société, la méthodologie n'est pas la méthode, mais le discours sur la méthode, la science de la méthode.

1. L'évolution relative de la Méthodologie juridique

La méthodologie juridique a eu de grands précurseurs tels que François Gény et Ihering en Allemagne, au XIXe siècle, voire René Demogue, en France, à la fin du XXe siècle.

En France, la méthodologie juridique a, jusqu'à un passé récent, été principalement abordée, de façon *ad hoc*. Dans le cadre du laboratoire de théorie du droit de la faculté de droit d'Aix-en-Provence III, où un atelier de méthodologie juridique a été fondé en 1986. Son directeur, le professeur Jean-Yves Chérot, fut également président de l'Association internationale de méthodologie juridique (AIMJ), tandis que le professeur Jean-Louis Bergel, ancien président de cette association et co-fondateur de ladite association en 1989, a publié, en 2001, un ouvrage décisif pour le déploiement de la matière et que ces professeurs, avec d'autres, notamment les comités nationaux de méthodologie juridique, éditent annuellement des Cahiers de méthodologie juridique, numéros, spéciaux de la Revue de la recherche juridique des Presses universitaires à travers le monde. Au-delà de ce cercle restreint d'initiés, la méthodologie juridique reste, pour l'heure, plutôt méconnue. Il est remarquable que nombre d'auteurs fassent de la méthodologie juridique, étant donnés les objets qu'ils étudient, sans le savoir. Et il n'est pas rare que l'on confonde méthode et méthodologie, méthode et science de la méthode, et qu'on intitule des ouvrages qui sont en réalité des méthodes du droit « méthodologie juridique. »

Si la méthodologie juridique a connu de grands précurseurs au XIX siècle tel que **Ihering ou Portalis,** elle n'a été approfondie par des professeurs au XX siècle tels que **François Gény ou René Demogue** qu'indirectement et partiellement. Des pans importants de la méthodologie juridique, comme l'interprétation des règles par les organes chargés de les appliquer, ont certainement été largement étudiés, mais d'autres sont longtemps restés ignorés.

En Guinée, depuis des années, particulièrement en 2012, lors de sa retraite à Kindia, *l'Université Général Lansana Conté de Sonfonia-Conakry* a institué la méthodologie juridique comme une matière à part entière de la recherche juridique. Les étudiants des facultés de droit se voient désormais proposer, aux côtés des cours d'introduction au droit, des enseignements explicitement intitulés « ***cours de méthodologie juridique***. » Des manuels (brochures) de méthodologie juridique accompagnent ces enseignements. Cela témoigne de l'évolution, bien que relative, de cette discipline particulière. Il est important de saluer cette initiative, dès lors qu'elle s'attache à un objet d'étude précisément identifié : le savoir-faire des juristes en Guinée.

Il faut se réjouir de pareil exploit de la méthodologie juridique tant, ainsi que l'écrivait déjà François Gény, *« toute élaboration juridique est dominée par des opérations intellectuelles et par une méthode. »*

2. La science des méthodes des juristes

La méthodologie juridique part du constat selon lequel la connaissance du droit ne se réduit pas à la connaissance des textes de loi et des jurisprudences et suppose la maitrise de méthodes et techniques spécifiques, impliquant des logiques, des raisonnements, des instruments, des classifications, des qualifications ou encore des modes d'expression adéquats. La méthodologie juridique a pour objet d'étudier ces moyens qu'utilisent les juristes afin de faire vivre concrètement et quotidiennement le droit. Elle est donc « la science des méthodes du droit » ou « l'étude des savoir-faire des juristes » ; et elle n'est possible qu'à la condition que le droit ne soit pas irrationnel ni improvisé, ce qu'il n'est pas.

En outre, la méthodologie juridique est purement formelle et n'a aucun égard pour le fond du droit. Sa fonction est d'observer et d'expliquer la « mécanique du droit », quels que soient les résultats que celle-ci produit. Ce qui importe d'un point de vue méthodologique n'est pas le contenu de la norme, mais les modes d'édiction, d'application et de sanction de la norme. Le professeur Jean-Louis Bergel fait remarquer que *« jamais plus qu'à cette époque de surrèglementation complexe, éphémère et souvent contradictoire, de bouleversements techniques et sociaux et d'interpénétration d'ordres juridiques divers, internes et internationaux, la connaissance et l'application des méthodes du droit ne semblent s'être à ce point imposées. Elles sont indispensables à la détermination et à l'expression des règles de droit par le législateur, à leur interprétation, à la solution des litiges, à l'argumentation des parties au procès, à la négociation et à l'établissement des contrats par les praticiens ».* Cela implique que jamais autant qu'aujourd'hui la méthodologie juridique n'aurait été digne d'intérêt. De plus en plus, s'impose l'étude des procédés « en vigueur » dans le droit, des démarches intellectuelles des juristes et des moyens techniques auxquels ils recourent. La méthodologie juridique se consacre aussi bien aux méthodes mises en œuvre dans les *assemblées nationales* qu'à celles propres aux *juridictions* et qu'à celles propres aux *administrations*. Ce qui l'intéresse tout particulièrement, ce sont les moyens utiles à la classification et à la qualification juridiques des faits, au raisonnement juridique, à la coordination des règles juridiques, ainsi qu'à leur interprétation. De façon générale, elle se consacre à tout ce qui est utile à la solution des problèmes juridiques. Ne la concernent pas les problèmes et les solutions, mais les moyens d'identifier les problèmes et les moyens de trouver les solutions. Entre matière et manière, elle opte pour la manière, étant entendu que la matière n'est souvent que la conséquence directe de la manière. Entre politique et technique, elle n'a d'égards que pour la technique. Son champ d'investigation n'en est pas moins fort large, comprenant tous les modes de formation, d'application et de sanction du droit. Un exemple parmi une foultitude est le recours aux fictions en droit. Celui-ci constitue un objet d'étude particulièrement opportun pour la méthodologie juridique.

Elle a pour mission de permettre aux étudiants d'acquérir une compétence technique dans la rédaction des textes, des jugements, des contrats d'une part, et d'autre part avoir la technique des PROS (la pertinence des idées, la rigueur dans la rédaction, l'objectivité sur le sujet et l'esprit de synthèse) ou encore la cohérence, la logique dans une rigueur, un équilibre et une exhaustivité parfaite.

Elle a pour objet le cas pratique, la dissertation juridique, le commentaire du texte, le commentaire d'arrêt ou décision de justice, la note de synthèse, le tout, implique indirectement par truchement des conseils, l'exposé oral ou la construction des discours d'étudiants sans omettre la consultation juridique, les concours professionnels, les débats télévisés, discours à l'Assemblée nationale, etc.

Cela facilite l'acquisition des connaissances des règles de droit, mais aussi de l'exercer en ayant la maitrise des méthodes d'analyse des raisonnements juridiques.

Il faut noter que ces exercices demandent une faculté d'analyse élevée, c'est-à-dire une capacité de réflexion irréprochable, une sagacité novatrice et la quasi-maitrise des textes de loi et des notions juridiques.

L’enseignement de la méthodologie juridique aux apprenants est indispensable tant pour faire comprendre le droit que pour leur apprendre à l’appliquer. L’accumulation de connaissances ne saurait suffire à des juristes qui ont plus besoin d’une formation de l’esprit que de mémoriser des règles éphémères et spécialisées. À telle enseigne que l’Université donne aux étudiants, au-delà de la formation académique ou intellectuelle, la formation professionnelle. Au début de leur formation, comme à son plus haut niveau, tout juriste a besoin de connaître et de mettre en œuvre les instruments, les techniques, les modes permanents de raisonnement en droit. C'est là, l'intérêt aussi bien théorique que pratique de ce livre.

Ce livre porte sur un aspect de la méthodologie juridique : l’initiation aux exercices juridiques.

C'est pourquoi deux principales stations seront observées pour la présentation de cet enseignement. Dans un premier temps, il convient de s’intéresser aux voies et moyens nécessaires à l’appropriation de la connaissance (première partie). Dans un second temps, il s’agira d’aborder les différents exercices juridiques (deuxième partie).

PREMIÈRE PARTIE :

L'APPROPRIATION DE LA CONNAISSANCE DE DROIT

Les conseils techniques d'appropriation de la connaissance juridique suivis de la technique de recherche en droit feront l'objet de cette première partie.

CHAPITRE I

LES CONSEILS TECHNIQUES D'APPROPRIATION DE LA CONNAISSANCE JURIDIQUE

Il importe de rappeler que dans la plupart des cas, après l'inscription en faculté de DROIT, tout étudiant se sent un peu perdu. À cet effet, il est souvent confronté à deux obstacles majeurs :

- primo, quitter la routine du travail scolaire avec les rails que constituaient les heures de cours, les devoirs à rendre, les leçons à apprendre sous le contrôle journalier des enseignants, pour basculer dans un système universitaire (LMD) qui laisse beaucoup plus de place au travail individuel et personnel même dans les matières où existent les travaux dirigés (TD). Les matières sont exécutées en 150 heures dont 105 heures appartiennent à l'étudiant et 45 heures seulement appartiennent à l'enseignant ;

- secundo, aborder le droit, une matière généralement tout à fait nouvelle pour la plupart des étudiants. La véritable notion de Droit n'est suffisamment abordée dans aucune matière dans les classes du secondaire. Ce qui implique l'apprentissage d'un vocabulaire technique nouveau (le jargon juridique), l'initiation à des exercices encore jamais abordés comme le Commentaire d'arrêt, d'article et même l'acquisition d'une nouvelle façon de raisonner, le raisonnement juridique faisant une grande place à la logique ou au syllogisme.

L'étudiant ne devra pas être désarçonné chaque fois qu'on lui posera la question « pourquoi ?» pourquoi telle règle ? Pourquoi telle institution ? Pourquoi telle exception ?

Face à de telle interrogation, le recours à la logique (syllogisme) permet souvent de donner une réponse valable. Pour ce faire, il est conseillé à l'étudiant de s'écarter de l'apprentissage mécanique des centaines de pages sans rien assimiler. Il est conseillé de ne pas jouer avec les mots en droit, on les utilise dans le contexte précis, donc de faire attention à la cuistrerie. L'intonation doit être un caractère de chaque prise de parole.

En revanche, au cours de cette première année, l'étudiant doit donc être amené à repenser ses façons de travailler pour bien assimiler ses cours. Apprendre les matières qui lui seront enseignées. Être capable de les utiliser correctement pour affronter les épreuves de l'examen : écrites ou orales.

Ce sont quelques conseils pratiques que tous les étudiants doivent mettre à profit pour réussir en Licence, en Master et même au doctorat.

Avant toute chose, il faut avoir une bonne maitrise de la langue française aussi bien en général que technique, mais aussi que l'on peut avoir recours à l'actualité pour enrichir sa connaissance d'un sujet donné, en suivant les médiats.

SECTION I : LA MAITRISE DE LA LANGUE

La Guinée ayant le français comme la langue de l'administration, étant et appliquant le système romano-germanique, il devient impérieux et nécessaire d'apprendre convenablement le français avant d'être inscrit en droit. À tel enseigne que l'État, pour orienter les bacheliers en Droit, peut avoir pour critère, l'obtention d'une bonne note en français, en philosophie.

PARAGRAPHE I : LA CONNAISSANCE DE LA LANGUE FRANÇAISE EN GENERAL

Il peut sembler ridicule de rappeler qu'un devoir juridique doit être rédigé en bon français avec une bonne application de l'orthographe et de la syntaxe, mais malheureusement, l'expérience prouve que ce n'est pas toujours le cas et rien n'est fastidieux que de corriger un devoir bourré de fautes d'orthographes ou de syntaxes. Le correcteur finit par être fasciné par ces fautes qu'il relève d'un trait rageur et ne fait plus du tout attention au fond du devoir qui serait finalement mal noté même s'il faisait preuve de quelques connaissances du sujet. L'écriture elle-même est d'ailleurs un handicap : le correcteur n'hésitera pas à relire une copie bien écrite pour reconsidérer sa note au cours de cette seconde lecture alors qu'il y renoncera s'il a eu toutes les peines du monde à déchiffrer une première fois des parties de mouche ou des hiéroglyphes.

Une mauvaise connaissance de la langue française peut par ailleurs entraîner une déformation du mot ou de la pensée et même, dans des pires des cas, de véritable contresens. Exemple : le peuple et la population, citoyen et la personne, la séparation de corps et de fait, droit international et relation internationale, application de la loi et applicabilité de la loi, la stipulation et la disposition, la Cour et le Tribunal, le réquisitoire et les réquisitions, collusion et collision, aliéna et aliéner, etc.

Il est donc indispensable d'essayer de s'exprimer de la façon la plus claire et la plus compréhensible possible. Pour cela, il faut éviter les phrases trop longues, chaque phrase courte et précise doit apporter une information nouvelle. Ne mélangez pas les temps en rédigeant sans raison valable, une phrase au présent, une autre au passé.

N'utilisez surtout ni le style télégraphique, ni la convention SMS, ni les abréviations dont vous avez l'habitude. Vous devez convaincre le correcteur de votre aptitude à présenter un travail clair et bien construit, et manifester de la considération pour votre lecteur.

Ces conseils vous permettront de faire preuve de qualité de précision, de concision et de clarté (PCC), trois conditions pour la bonne rédaction d'un travail juridique.

D'abord, la ***précision*** est très importante en matière juridique, elle sera facilitée par une bonne connaissance de la terminologie : il est essentiel de ne pas employer un mot pour un autre. Exemple : loi et règlement, investigation et instigation, prescription et perquisition, déguerpissement et expulsion, résolution et résiliation, relaxe et acquittement, l'inculpé et accusé, dispositions et stipulations, etc.

Ensuite, la ***concision*** vous permettra de faire un travail court, mais dense, en ne vous noyant pas dans une multitude de détails inutiles, mais en sachant présenter l'essentiel d'une question. C'est une composante du principe de rigueur. Elle s'inscrit entre l'abus de synthèse et l'excès de détails. Il faut être raisonnable.

En fin, la ***clarté*** est la qualité essentielle qui résulte de la présentation de la connaissance bien assimilée dans un style parfaitement adapté. Tout ce qui se conçoit bien dans un jargon juridique précis s'énonce clairement avec méthode.

PARAGRAPHE II : L' APPRENTISSAGE DE LA TERMINOLOGIE JURIDIQUE

Le droit a son propre vocabulaire et vous ne pouvez progresser sans apprendre par cœur assez de définitions, car en droit les mots n'existent que de par leurs définitions.

Il ne suffit pas d'écrire, ou de parler, le bon français encore faut-il être précis et cela exige une bonne connaissance du vocabulaire juridique et l'aptitude à employer le terme exact.

Il y a d'ailleurs, des pièges dans le langage juridique. Si vous rencontrez les termes qui vous sembleront barbares comme hypothèque, antichrèse, emphytéose, créanciers chirographaires, etc., vous chercherez évidemment à savoir ce que cela signifie et le recours à un ouvrage de vocabulaire juridique, ou lexique des termes juridiques ne pourra que vous être bénéfique. Mais vous serez surpris de constater que les mots que vous pensiez connaître comme chose, réelle, interruption, meuble, pourparlers, grève, congés, délinquance … par exemple, peuvent avoir, en droit, un sens bien précis qui n'est évidemment pas celui du langage usuel.

Vous rencontrerez également des expressions ayant un sens particulier comme « bon père de famille », « ordre public », « bonnes mœurs », « penitus extranei », « statuco-anté-billum » qui pourront vous laisser perplexes. De plus, le langage juridique fait souvent appel au latin, par exemple :

- ab intestat – sans testament
- accessorium sequitur – l'accessoire suit le principal
- bona fide –bonne foi
- De facto – de fait
- De lege ferenda – législation souhaitée
- De lege lata – législation en vigueur
- Erga omnes- à l'égard de tous
- Juris et de jure – présomptions absolues
- Jus scriptum -le droit écrit
- Lato senu – au sens large
- Nemo legem ignorare censetur - nul n'est censé ignorer la loi.
- Ubi société, ubi jus - là où il y a société, il y a droit.
- Nullum crimen nulla poena sine lege- nul crime, nulle peine sans loi
- Onus probandi- la charge de faire la preuve
- ubi lex non distinguit nec nos distinguere debenus – il est défendu de distinguer là où la loi ne distingue pas

- volenti no fit injuria – la prétendue victime a consenti aux relations charnelles.

Il faudra non seulement les comprendre, mais encore savoir les utiliser à bon escient. C'est pourquoi l'utilisation d'un ouvrage de « lexique ou de vocabulaire juridique » est, là encore, à conseiller.

Il est évident que vous serez reprochés quelquefois par le public de vous exprimer de façon incompréhensible. L'emploi du jargon juridique fait la particularité d'un juriste à un philosophe, à un sociologue, d'un médecin, d'un informaticien, d'un ingénieur, etc.

Lorsque ces atouts sont réunis, on espère avoir la clé du Droit pour y faire des exploits.

SECTION II : LES CLÉS DE LA REUSSITE

À rappeler que la Méthodologie juridique est la Clé pour accéder à la connaissance juridique.

PARAGRAPHE I : LA COMPREHENSION POUR APPRENDRE

Un étudiant doit apprendre chaque année des milliers de pages. Au moins un article par jour.

Vous retiendrez une matière ou une question lorsque vous en aurez saisi et ressenti la cohérence interne. Les règles du droit ne sont pas artificielles et arbitraires, vous devez comprendre leur raison d'être, leur finalité, leur esprit. La logique que l'on peut rechercher dans les documents tient du plan.

A- L'importance du plan

Les Cours de droit et les manuels sont structurés, c'est-à-dire, leurs plans comprennent de nombreuses subdivisions. Vous pouvez y trouver des livres,

Des Parties

Des Titres
Des Chapitres
Des Sections
Sous-section
Paragraphes
I
A
1
a

Ne voyez pas dans ces subdivisions une difficulté, mais au contraire, une aide pour comprendre et retenir un ensemble cohérent.

C'est la connaissance du plan qui permet de dominer la matière, de ne pas y être perdu, de la même manière que vous ne vous égarez pas dans la grande ville dont vous connaissez le plan.

B- L'apprentissage pendant les cours présentiels

Pour un meilleur apprentissage des cours universitaires, le secret se trouve ci-dessous.

Il faut soigneusement noter le plan du professeur, changer de feuilles ou de pages à chaque subdivision, sauf les plus petites. Il faut classer les dossiers en fonction des matières,

À l'intérieur de ces derniers, on procède à une division à sa convenance. À l'intérieur encore, on subdivise en séparant les sections dans des cahiers ou chemises en papiers que l'on appelle des « cotes. »

Ensuite pour la suite de ses études et même pour le début de sa carrière ou sa vie professionnelle, on peut retrouver un document pour rafraichir ses connaissances sans peine.

C- Le cours du professeur

L'obtention du diplôme est conditionnée à la validation des cours inscrits au programme. C'est en les suivant et assimilant avec assiduité qu'on puisse les valider. En clair, il est inopportun de lire plusieurs doctrines en droit et ne pas maitriser le cours de l'enseignant dans lequel ce dernier choisira son sujet.

L'on doit s'en procurer le polycopié ou le manuel fait par son professeur. C'est le meilleur instrument de travail qui soit. Il le dispense d'écrire fébrilement pendant tout le cours au lieu de le comprendre et d'y réfléchir. On peut ne prendre que de bonnes notes succinctes.

La prise de note peut être faite en différé. L'étudiant peut sauter des lignes afin de les compléter une fois à la maison à travers les ouvrages sur le cours.

D- La lecture du cours du professeur

Le corps se nourrit par l'alimentation et l'esprit se nourrit par les lectures, dit-on.

Si l'on est allé au cours et que l'on a suivi attentivement en prenant bien les notes, la première lecture en sera facilitée. Si en revanche, c'est une prise de connaissance de questions totalement nouvelles, il faudra consacrer plus de temps à chercher les réponses aux questions suivantes :

- *Que lire ? Par quoi commencer ?*

Il convient de commencer par le cours du professeur. En suite un manuel, un précis, puis, sur certaines questions, un traité plus approfondi et en fin, les textes de loi et les jurisprudences.

Il est conseillé de lire le cours de l'enseignant dès après la séance de classe et plusieurs fois dans la semaine. L'apprentissage par bachotage est proscrit pour des raisons liées à la confusion et le risque d'oubli prématuré.

PARAGRAPHE II : L'APPORT DE LA LECTURE EN DROIT

A- La lecture des textes de loi

En ce qui concerne les textes, vous devez vous munir de la dernière édition du code (code civil, code pénal, code du travail, code de l'enfant, code de la route, code général des impôts, Acte uniforme de l'OHADA, décrets, arrêtés…) qui vous servira sans arrêt pour vous reporter au texte des articles cités au cours.

Un juriste doit être un obsédé textuel. Les articles sont pour un Juriste comme les armes pour un militaire, comme une bible pour un Pape ou un Archevêque, comme un coran pour un Imam.

B- La lecture des jurisprudences

La jurisprudence est l'ensemble des décisions concordantes rendues sur une question précise par les cours et tribunaux (opinions du juge) sur un litige découlant d'une situation de droit particulier. La situation particulière renvoie généralement à trois (3) conditions préalables :

1- L'absence totale de la loi sur les faits pour lesquels le juge est saisi ;

2- L'insuffisance, l'ambigüité ou l'obscurité de la loi régissant le fait soumis à l'interprétation du juge de fond ;

3- La possibilité d'appliquer deux ou plusieurs textes de loi à un fait soumis à l'appréciation du juge.

Les décisions importantes sont enregistrées au greffe dans le bulletin de cassation à la Cour suprême de Guinée et publiées dans des revues juridiques classiques et sur le site de ladite Cour. Il n'est pas indispensable pour un étudiant de la 1re année (L1) de s'abonner à l'une de ces revues parce qu'elle contiendra de nombreuses matières qui lui seront totalement inconnues, car, ne figurant pas à son programme. Pour tout, il est recommandé de lire et comprendre ces décisions afin de constituer des fiches de jurisprudences dont on parlera dans la seconde partie du cours.

N.B. *Toutes les décisions de justice, jugement ou arrêt sont considérées comme des jurisprudences au sens générique du mot.*

CHAPITRE II

LA TECHNIQUE DE RECHERCHE DE LA DOCUMENTATION

Les juristes qui cherchent, on en trouve dans les facultés de Droit, mais ceux qui trouvent aisément, on en cherche.
Le droit est dans les livres

Pour tous les exercices que vous aurez à faire, on vous demandera de réunir de la documentation. Qu'est-ce que cela signifie ? Comment s'y prendre ? Autant de questions que se pose l'étudiant débutant.

Cela implique une démarche spécifique : il s'agit pour un sujet bien déterminé et limité, un sujet d'exposé oral par exemple. Comment chercher ? Où trouver ?

SECTION I : LA MÉTHODE DE RECHERCHE

Cette méthode de recherche sera explicitée à travers des étapes d'enseignement.

Vous avez un travail professionnel à faire, une question à étudier de manière un peu approfondie pour préparer un devoir ou un exposé. Il est normal qu'en débutant vous ne sachiez ni par où commencer ni où aboutir, et que vous vous sentiez inhibés par la complexité intellectuelle et matérielle de la tâche.

Pour mieux s'en sortir, vos recherches doivent être soigneusement préparées, menées progressivement et restées cadrées ou limitées et focus sur ladite question. Cela acquiert des préalables qui se déclinent en trois (3) étapes.

PARAGRAPHE I : LES DIFFERENTES ETAPES D'ORDRE GENERAL

A- La première étape : l'acquisition des connaissances de base

Le mécanisme d'obtention des connaissances est le processus le plus long et complet qu'il soit. Ça demande un sacrifice et un investissement de soi.

On ne s'improvise pas en doctrinaire, magistrat, avocat, juge, notaire, en droit. Il faut des préalables qui ne sont d'autres que les connaissances de base.

Ne vous lancez jamais dans un exercice, dans aucune étude de document, dans aucune recherche avant d'avoir pris connaissance de la matière théorique.

Plutôt, attachez-vous parfaitement à votre cours (manuels, précis, chroniques, articles, fascicules ou brochures de vos professeurs).

Ensuite, lisez attentivement les textes juridiques applicables (la plupart sont contenus dans les codes, dans la Constitution, les actes règlementaires, dans les conventions, etc.).

Aussi, la connaissance en droit s'obtient dans les ouvrages juridiques. Il importe de rappeler que l'étudiant doit s'abonner à la Bibliothèque universitaire ou à celle de la faculté. L'étudiant, dès son inscription, doit poser trois (3) questions : où est ma classe, les toilettes et la bibliothèque ?

B- La deuxième étape : la concentration sur l'étude

Cela renvoie au sérieux que l'étudiant fait montre pendant l'examen ou l'analyse du sujet. C'est une étude approfondie qu'il effectue tant du sujet lui-même que le contenu de la question[1]. Ça passe par des éléments ci-dessous.

C- Situer, cerner, délimiter le sujet

La réflexion sur le sujet est une étape capitale sur laquelle nous reviendrons à propos de tous les sujets.

1) D'abord, situer la question dans l'ensemble de la matière passe par :

a - Repérez exactement où elle est traitée, développée dans le cours.

b- Remarquez comment la question apparait dans le cours de votre professeur.

2) ensuite, précisez le sens du sujet

Vous devez vigoureusement regarder le sens des mots afin d'éviter les erreurs de terminologie qui entraînent des contresens irréparables.

Exemple : Droit et droits, coutume et pratique, réquisitions et réquisitoire, État et état, etc.

- Puis, concentrez-vous sur le fond : quel est le contenu de la question, qu'est-ce qu'on me demande de faire.

3) enfin, délimiter la question à étudier

Pour cela, il faut l'isoler en établissant la différence avec les autres points voisins. Le meilleur signe d'intelligence et d'esprit juridique que vous puissiez donner est d'être capable de *délimite*r exactement la *question.*

Une fois le sujet repéré, compris, délimité, vous êtes à même d'aborder utilement des documents et des ouvrages plus approfondis.

---

[1] C'est un travail fastidieux et important, mais il se fait sur le brouillon.

4) Approfondir l'étude d'une question

Cela consiste à réunir des informations, des précisions, des opinions, à pénétrer dans des travaux des spécialistes.

Si l'on vous a distribué des documents portant sur la question à étudier, travaillez-les en priorité, très soigneusement. Cela se fait constater souvent dans le cadre des travaux dirigés (TD).

Il est loisible de consulter un grand traité, plus développé et plus complet que votre manuel dans le cadre des TD. Vous y trouverez des analyses, des réflexions, des discussions plus poussées qu'un précis ou manuel.

PARAGRAPHE II :LES TECHNIQUES PARTICULIERES DANS LES RECHERCHES

A- Les recherches approfondies

Effectuer des recherches, quoi de plus vague, de plus fastidieux à appréhender et même de plus décourageant pour un débutant en droit ?

Il est pourtant indispensable et nécessaire, si vous voulez tirer de profit de vos études, dépasser le stade de médiocrité, et préparer utilement votre avenir professionnel, que vous appreniez à utiliser la richesse immense de la documentation juridique.

Faire des recherches est plus ou moins facile lorsqu'on dispose des références et des moyens intellectuels et financiers.

B- Le relevé des références

Il s'agit en premier lieu de relever les références d'arrêt, d'article, de doctrine ou de notes de jurisprudences qui ont été données au cours ou que trouvées dans votre manuel sur le sujet précis que vous avez à approfondir. Ne relevez que les principales, celles qui sont fréquemment citées et qui vont compléter les documents qui vous ont peut-être déjà été distribués en travaux dirigés (TD).

Faites des petites fiches bibliographiques pour chaque référence pour retrouver le document à la bibliothèque de votre Faculté ou Université. Cela vous épargne justement de ne pas être l'étudiant :

- qui prend la bibliothèque pour un lieu de rencontre, un abri contre les intempéries, ou une simple salle de travail ; ou qui met trois (3) heures à trouver un arrêt dans les recueils ;

- qui est terrorisé par l'abondance de la documentation et d'ignorer systématiquement tout ce qui n'est pas « dans le cours » ;

- qui entreprend une dissertation ou un commentaire sans rien apprendre sur la question[2].

1**) choisissez les références les plus fréquemment citées**

Celles des travaux dirigés, ou d'arrêts récents, ou signalées comme particulièrement importantes pour la partie du cours ou pour la question concernée.

2) notez ces références sur une fiche à la bibliothèque

Vous emporterez à la bibliothèque, sans erreur et avec toutes les indications nécessaires pour trouver vos documents sans difficulté.

C- L'obtention de la documentation à la bibliothèque

La bibliothèque de votre Fac doit vous devenir un lieu familier dès le début de vos études. Voyez comment sont rangés et classés les ouvrages usuels, les recueils de jurisprudence, les encyclopédies, les codes, etc. Regardez surtout l'emplacement des livres qui portent sur votre programme. Ils sont souvent classés par discipline, par domaine (droit privé ou public) ou matière, par date d'édition et par nature ou catégorie.

---

[2] Isabelle Defrénois-Souleau, je veux réussir mon droit, 7e éd. P1

Les ouvrages que vous aurez à consulter ne doivent pas non plus vous être totalement inconnus.

Initiez-vous en priorité à l'utilisation des codes, ainsi que des recueils jurisprudentiels. Apprenez à y trouver, sur le net ; etc.

1) **analyser et tirer de la documentation les informations utiles**

À ce stade, l'étudiant doit lire très attentivement tout ce qu'il a trouvé. Il ne s'agit pas de passer le texte sous les yeux, mais d'appliquer la méthode de lecture active conseillée plus haut.

Il ne doit pas hésiter à photocopier ou imprimer un arrêt ou un passage doctrinal qui parait répondre particulièrement bien à sa recherche[3]. D'office, il doit écarter tout ce qui lui parait sans intérêt.

En gros, il n'a pas besoin de perdre son temps à recopier les documents, pour exploiter intelligemment et efficacement la documentation. Il a, cela est valable pour tout le monde, le choix entre trois procédés :

- La courte citation ;
- Le résumé ;
- Ou la photocopie/ le polycopié

2) **faire un inventaire ou une fiche de lecture**

Il est déconseillé de fermer un livre, ou de quitter la bibliothèque, *sans garder des traces de son travail.* Vous devrez toujours faire une fiche contenant l'inventaire des documents consultés (la liste de tout ce que vous avez trouvé d'utile).

---

[3] C'est l'exception au droit d'auteur réservé aux artistes.

SECTION II : L' ACCÈS À LA DOCUMENTATION

Où trouver la documentation ?

Sans aucune exception majeure, les documents juridiques se trouvent dans les maisons de loi (les textes législatifs), dans les maisons du livre (la bibliothèque de droit) avant de finir par mettre l'accent sur la technique de prise de note pendant les lecteurs et enseignements.

Sur cette partie, on n'a pas la prétention de vous décliner une bibliographie, c'est-à-dire la liste des ouvrages à utiliser avec leur titre, le nom de leur auteur et celui de leur édition. Chaque professeur ou enseignant vous donnera une bibliographie sur sa matière et une bibliographie générale sur la dimension des fichiers d'une grande bibliothèque. Toutefois, il importe d'indiquer quelques maisons d'ouvrage en droit permettant de faciliter les premières recherches.

- Bibliothèque de l'Université Général Lansana Conté de Sonfonia-Conakry (UGLC-SC);
- Bibliothèque américaine à l'Université Général Lansana Conté de Sonfonia-Conakry (UGLC-SC);
- Bibliothèques des Masters de droit à l'Université Général Lansana Conté de Sonfonia-Conakry (UGLC-SC);
- Centre culturel franco-guinéen ;
- Maison du livre à Camayenne-Conakry ;
- Harmattan Guinée
- https//www.guilaw.com

Pour savoir où chercher, pour vous y retrouver dans la documentation juridique, il faut seulement que vous appreniez en quoi un traité diffère d'un répertoire, ce qu'est un recueil ou une *monotographie.* En définitive, que vous connaissiez les diverses catégories d'ouvrages, de recueils, de revue, que vous sachiez à quel public ils sont destinés et surtout l'usage qu'un étudiant peut et doit en faire.

Pour gagner en précision, nous vous donnerons quelques exemples parmi les ouvrages les plus usuels, les plus classiques ou les plus récents, et nous vous décrivons plus nettement ceux que vous devez impérativement connaître et consulter souvent.

PARAGRAPHE I : LES TEXTES LEGISLATIFS (LES CODES)

On n'a pas besoin d'être juriste émérite pour savoir qu'en droit que le code est un instrument juridique contenant des articles régissant les différents domaines de la vie.

Ces articles ou lois sont à la portée de tous les juristes voire tout individu sans exception. Il reste bien entendu qu'on se spécialise suivant certains critères, notamment, la compétence, l'intérêt, l'actualité, etc.

Dès votre inscription à la Fac de Droit, vous devez disposer de certains textes juridiques notamment :

- La Constitution, la loi fondamentale ou la Charte selon le régime ;
- Le Code civil de 2019, ou du moins la dernière version, considéré comme étant la constitution des citoyens ;
- Le code pénal et de procédure pénale de 2016 ou les dernières versions ;
- Les Actes uniformes révisés de l'OHADA ;
- Le code de procédure civile, économique et administrative ;
- Le Code du travail 2014 et la dernière version ;
- La loi organique relative aux lois de finances et son décret d'application (RGGBCP) ;

PARAGRAPHE II : LA DOCUMENTATION DISPONIBLE EN DROIT

Il s'agit des ouvrages dont les auteurs, très généralement des professeurs de droit, y traitent de diverses matières, disciplines ou branches du droit de manière didactique, c'est-à-dire en vue d'instruire le lecteur.

En principe tous les juristes doivent lire ces documents pour rafraichir leurs connaissances et comparer les opinions des auteurs.

Ces ouvrages diffèrent les uns, des autres par l'ampleur de leur développement et aussi par leur esprit.

A- Les traités : livres

Ce type d'ouvrages est très amplement développé, les questions y sont étudiées de manière approfondie et complète. Ils sont très souvent volumineux.

Par ailleurs, les traités témoignent généralement des pensées personnelles et originales. Leurs auteurs prennent position sur une question, élaborent des théories, approuvent ou critiquent le droit positif. En terme clair, ce sont de grands juristes avec un niveau d'étude très élevé.

Certains traités sont écrits par un ou deux auteurs seulement, d'autres sont l'œuvre de toute une équipe qui se répartit les matières (parfois sous la direction d'un des auteurs, qui peut être professeur agrégé hors hiérarchie et qualifié d'émérite). Il arrive parfois qu'un traité un peu plus ancien soit mis à jour par un auteur plus jeune (qui en garde ou non l'esprit initial), car il se périme très vite, vu son volume très lourd, très couteux de tenir à jour. Les juristes courageux ne veulent point voir mourir un traité pertinent, quelles qu'en soient les circonstances.

B- Les manuels

Ce sont les ouvrages, à la différence des traités, plus maniables comme le mot l'indique, plus facile d'y accéder parce que moins développés et constitués de volumes très petits. Le manuel vise à être moins exhaustif que le traité. Il est apparu plus récemment. Attention, ils peuvent aller parfois jusqu'à 900 à 1000 pages. Toutefois, ils restent moins volumineux que le traité, mais ils peuvent être plus approfondis que le traité. Généralement, on retrouve la mention « Manuel » sur ces documents.

C- Les précis

Ce sont des livres concis, clairs et complétés par le nom précis, destinés à présenter la matière de manière descriptive, objective et ramassée.

Ils sont souvent axés sur un domaine précis ou une seule matière donnée ou encore un sujet choisi dans un cours. Ils abordent le sujet dans un sens voisin aux thèses et mémoires de recherche. À la différence, qu'ils sont plus approfondis que ces derniers et cela relève de l'absence de la délimitation dans la recherche. L'auteur d'un précis peut se donner le droit d'écrire tout ce dont il a connaissance sur le sujet de manière générale.

D- Les mémentos

Ce sont des aide-mémoires. Leur rôle normal est d'aider à revoir des questions que l'on a déjà comprises. Car le mémo ne contient aucune explication, mais uniquement des plans détaillés clairement présentés.

Ne négligez pas les mémentos, pour les oraux surtout. En général, on les retrouve facilement sur Net.

E- Les encyclopédies juridiques et répertoires

Dans l'édition juridique, les deux termes sont à peu près synonymes. Ils désignent de volumineux ouvrages collectifs, qui recouvrent l'essentiel du droit positif (droit en vigueur).

Une particularité, ces ouvrages sont écrits et classés soit par ordre alphabétique, soit selon l'ordre des articles d'un code. Il existe des encyclopédies dans toutes les matières juridiques.

Il faut noter que les répertoires restent encore les instruments principaux de recherche pour des praticiens de Droit.

Précisions aussi que les auteurs sont en général de bons spécialistes de la matière qu'ils traitent. (Magistrats, Avocats, Notaires...). Leurs mises à jour fréquentes permettent donc à ces répertoires et encyclopédies de suivre l'évolution du droit.

À défaut de trouver un exemple éloquent en Guinée, l'on peut trouver l'encyclopédie juridique Dalloz, en France, les juris-classeurs des éditions Lexis Nexis France.

F- Les monographies, les thèses, mémoires et les mélanges

Il convient de se contenter de définir le genre d'ouvrages, car, vous n'avez pas assez d'intérêt pour y recourir encore surtout au niveau de la Licence sauf dans le cadre des exposés et culture générale.

1- **La monographie**

C'est un ouvrage portant sur une question de droit ou une matière bien précise (mono, en grec, signifie un). Sa différence avec le précis tient de plusieurs facteurs, entre autres, le volume, la rigueur, l'auteur. Le précis peut être rédigé par un ou plusieurs auteurs tandis que la monographie est une œuvre individuelle et moins volumineuse que le précis.

2- **La thèse et le mémoire**

Les thèses sont des ouvrages de recherches juridiques approfondies, en vue de l'obtention du Doctorat. Elles constituent une recherche sur un point (thème) précis en droit. Certaines ne sont pas publiées, mais seulement dactylographiées ou polycopiées. Elles sont le plus souvent accessibles en bibliothèque universitaire, soit sous forme de microfiches, soit sous forme papier.

En revanche, le Mémoire est un thème choisi à la fin du deuxième cycle de formation universitaire, afin de le développer de façon précise, structurée et le soutenir publiquement devant un jury dont les membres sont titulaires au moins de Doctorat, en vue d'obtenir le diplôme de Master recherche. Toutefois, dans le jury, un professionnel non titulaire de doctorat peut siéger si le candidat a fait un Master professionnel.

3- **Les mélanges**

Ils contiennent, comme l'intitulé l'indique, divers articles écrits par divers auteurs sur des sujets divers. En général, il appartient à un professeur agrégé de droit de diriger les travaux et la compilation des contributions des différents auteurs. Ces auteurs peuvent avoir le grade universitaire de Master, Doctorat et même le professorat.

4- **Les revues juridiques**

La revue suppose des publications périodiques. Soit, sur l'actualité juridique, soit sur une décision juridictionnelle.

Les publications sont extrêmement nombreuses et variées : on distingue d'abord des publications officielles, comme le grand *journal officiel (J.O.) ou les bulletins de la Cour suprême, site de la Cour des comptes*, la Revue juridique de Sonfonia, Revue de Master de droit privé fondamental et *la Revue JuriGuinée à Sonfonia*.

Par comparaison on peut citer le *Recueil Dalloz en France, la Semaine juridique ou la Gazette du palais*

5- La documentation électronique

Elle est presque devenue un outil indispensable pour la consultation de données juridiques.

Pour une bonne documentation, il importe de vous recommander la consultation sur l'internet, les sites crédibles, tels que :

www.ohadata.com
www.légifrance.gouv.fr
www.courde.cassation.fr
www.conseil-etat.fr
https//wwwguilaw.com

Faites la différence entre les sites officiels et les sites professionnels dans vos fiches.

Exemple, de quelques sites professionnels :

- Dalloz ; www.dalloz.fr
- juris-classeur-Lexis Nexis France : www. Lexsnexis.fr,
- Doctrinal www.doctrinal.fr,
- Guilaw en Guinée.

N.B. *Il y a les sites des institutions républicaines en Guinée, du gouvernement, de centres de recherches, de juridiction, l'Assemblée nationale, etc.*

6- Les dictionnaires, lexiques et vocabulaires juridiques

Ce sont des ouvrages destinés à donner la définition des mots ou des expressions de la langue juridique. Les termes y sont rangés par ordre alphabétique et l'on y trouve leur étymologie (c'est-à-dire leurs racines), et toutes leurs significations et acceptions, qui peuvent être multiples et différentes selon leurs branches du droit. Ils regorgent le jargon juridique.

7- La grande presse

Les Professeurs, et surtout ceux de la licence 1, vous recommandent, dès le début de la première année, de lire le journal et de vous tenir au courant de l'actualité juridique, politique et économique.

Malheureusement, l'expérience prouve que ces professeurs sont peu entendus, car la lecture du Monde n'est pas toujours récréative. Il faut que l'étudiant en Droit soit parfaitement informé de l'actualité au-delà de ses cours en classe pour pouvoir aborder ces épreuves d'Université et même dans des concours d'accès au métier de droit.

PARAGRAPHE III : LA PRISE DE NOTE ET LA FICHE DE LECTURE

L'importance d'aller à la bibliothèque ou être présent au cours dans les amphithéâtres est aussi de noter soigneusement les grandes idées du Cours.

A- La technique de prise de note en classe

Il est évident que pour réussir à prendre note pendant le cours, il faut passer par des techniques recommandées, notamment : prise de note intelligente, association d'idées organique, conclusion provisoire, carte d'esprits.

Il faut noter soigneusement les structures du cours, définitions, signaux de l'enseignant si nécessaire (à gauche de la page) en bas de page (résumé du contenu de la page), en entête (matière, sujet, enseignant, date, groupe), au milieu on prend note de façon synthétique et aérée.

Il faut privilégier d'écrire au stylo qu'à l'ordinateur.

En définitive, il faut respecter les trois étapes ci-après :

- Structurer ;
- Résumer ;
- Reformuler (personnelle).

B- La fiche de lecture des ouvrages

Une fiche de lecture sert à conserver en mémoire les informations utiles tirées de la lecture d'un livre, d'un recueil, d'un article, d'une jurisprudence, etc.

Une fiche de lecture se prépare en lisant le livre. Il faut prendre des notes au brouillon en y reportant le numéro de page pour gagner du temps.

Il faut lire le livre avec un crayon à la main, remplir au fur et à mesure sa fiche *au crayon à papier* avant de la mettre au propre au stylo.

Il y a des mentions personnelles qui semblent être nécessaires pour la fiche de lecture.

Prénoms :………….. …

Nom :…………………..

Licence :……………….

Titre du livre, sous-titres, auteur (s), éditeur, date d'édition, nombre de pages, traduit dans quelle langue ? Le cadre : juridique, la position de l'auteur vis-à-vis du droit positif ou la question qu'il a abordée, résumé bref, appréciation personnelle du lecteur (étudiant).

DEUXIÈME PARTIE

LES DIFFÉRENTS EXERCICES EN DROIT

L'analyse de cette deuxième partie sera essentiellement consacrée à l'étude de la dissertation juridique, du commentaire d'arrêt, du texte, de la consultation juridique ou du cas pratique, de la note de synthèse.

CHAPITRE I

La dissertation juridique

Dans le cadre de l'exposé de ce chapitre, la notion de dissertation juridique, la problématique et le plan, la technique de rédaction d'un sujet de droit, l'épreuve d'examen ou le devoir à la maison ; travaux dirigés (TD) contribueront à la compréhension.

La dissertation tenant du latin signifie « disserere », exposer des raisonnements, des idées liées les unes aux autres. Elle peut être définie comme étant une mise en œuvre d'un discours ordonné et cohérent à propos d'un problème envisagé dans sa dimension juridique. Les maîtres mots de cet exercice sont l'exhaustivité, la rigueur et l'équilibre des parties. Exhaustivité, parce qu'il faut aborder tous les aspects importants du sujet. Rigueur, parce qu'il faut éviter les hors sujets et veiller à ce que les développements correspondent à ce qui a été annoncé par la problématique exposée dans l'introduction et les intitulés du plan. L'équilibre, car la dissertation doit obéir à la classification bipartite dont chacune comporte deux sous-parties et les nombres de pages rédigées dans des parties se valent. À la limite que les feuilles de la seconde partie dépassent d'une seule ou demi-page. Cela s'inscrit dans une logique selon laquelle, l'appétit vient en écrivant.

Pour la réussite de la dissertation juridique, il y a certains conseils à en tenir compte :

➢ *« Qui se précipite sur son stylo pour écrire sans avoir réfléchi ;*

➢ *Pour qui trouver un plan relève du pur hasard ;*

➢ *Qui croit que le style juridique est nécessairement pompeux et obscur ;*

➢ *Qui écrit douze pages sans jamais aller à la ligne*[4]*. »*

SECTION I : LA NOTION DE DISSERTATION JURIDIQUE

La dissertation juridique n'est pas un devoir de récitation du cours. Il ne s'agit pas de reproduire des connaissances d'ailleurs plus ou moins bien comprises, mais de réfléchir à un sujet, en utilisant certes, les connaissances acquises pendant le cours, mais surtout en élaborant une réflexion personnelle et, en ce sens, originale. Dès lors, la dissertation ne fait pas appel à la mémoire, mais à l'intelligence et à la réflexion.

Il s'agit en définitive d'un exercice de démonstration. Ce qui requiert une culture juridique certaine, une bonne compréhension du sujet et une certaine présentation.

PARAGRAPHE I : LES REMARQUES GÉNÉRALES À PROPOS DE LA DISSERTATION JURIDIQUE

La dissertation juridique est un exercice théorique qui s'oppose en ce sens à l'exercice du cas pratique ou consultation juridique.

A- La dissertation juridique : une démonstration

La dissertation juridique est une démonstration qui permet à l'étudiant ou au candidat à adopter une problématique sur la base d'un sujet proposé, puis démontrer la réponse

---

[4] Defrenois-Souleau ; ouvrages intitulés *« je veux réussir mon droit, méthodes de travail et clés du succès. »*

donnée à la problématique. Une démonstration suppose l'utilisation d'arguments qui s'appuient sur des références précises. Une démonstration est plus qu'un simple exposé : elle propose une analyse, une synthèse des éléments selon une vision précise et construite.

B- Les parties fondamentales de la dissertation

La dissertation juridique comprend essentiellement deux parties. Il s'agit de l'introduction et le développement. La conclusion relève d'une question d'école et de compétence. Elle est proscrite en Licence pour des raisons liées à leur niveau d'analyse et l'aptitude à faire une démarcation entre l'introduction et la conclusion. Toutefois, si l'étudiant a un quotient intellectuel lui permettant, rien ne s'y opposera.

PARAGRAPHE II : LES QUATRE ÉTAPES PRÉCÉDANT LA DÉFINITION D' UNE PROBLÉMATIQUE

A- La première étape : la reconnaissance des termes principaux du sujet

Ne jamais se précipiter pour lire un sujet. Il faut toujours le lire plusieurs fois. L'idéal est de le recopier sur le brouillon. Ensuite, il convient d'en souligner les termes principaux qui nous apparaissent fondamentaux. Une attention particulière doit être apportée aux noms, mais également aux mots de liaison (et, avec, or, pendant) ; aux adjectifs, aux adverbes, etc.

B- La deuxième étape : les définitions des termes principaux

Il faut rappeler qu'en droit, les mots ont un sens bien précis et chaque définition posée doit être la plus complète et la plus précise possible.

Pour les mots de liaison, les adverbes, les adjectifs, les verbes, au lieu d'une définition, on cherchera plutôt à poser des synonymes.

Cette étape permet la bonne compréhension du sujet et d'éviter les hors-sujets : on peut évacuer d'emblée ce qui ne se rapporte pas à la définition posée.

C- La troisième étape : la recherche de l'environnement du sujet

Pour chaque terme principal, on peut dresser une première liste de mots clés, puis la définition de ceux-ci.

Par la suite, on procède à la recherche scientifique proprement dite qui va permettre de constituer le fond de l'appareil scientifique. Un bon appareil scientifique permet des références précises et des exemples riches et pertinents pour la démonstration. *A contrario*, sans appareils scientifiques, la dissertation perd de sa qualité.

De plus, cette étape permet de ne rien oublier concernant le sujet. Elle est une condition à la définition de la problématique.

Il est donc essentiel de bien mobiliser toutes ses connaissances pour cette étape.

Lorsque l'on est en examen, on recherche dans ses connaissances personnelles acquises en cours, durant les séances de TD et les recherches personnelles que l'on a pu faire.

Lorsque la dissertation est un exercice à préparer (TAF ou TD), on utilise toutes les ressources possibles : les notes de cours, la bibliothèque (livres, revues, etc.), internet (avec précaution d'usage), etc.

Pour chaque terme principal, on se demande :

Que dit la loi ?

Que dit la jurisprudence ?

Que dit la doctrine ?

Pour répondre à ces différentes questions, on mobilise les éléments de connaissance sur le brouillon.

D- La quatrième étape : le classement des idées essentielles sur le sujet

La mise en ordre des idées permet au candidat de rapprocher ou d'opposer les idées d'un sujet. Pour ce faire, on peut les rassembler sous de grandes idées.

Grâce à cette étape, on peut alors voir apparaitre sur la base des recherches des idées essentielles qui, une fois confrontées entre elles, vont permettre de définir une problématique.

SECTION II : LA PROBLÉMATIQUE ET LE PLAN

La problématique et le plan se complètent et s'expliquent très simplement.

Le problème juridique est l'intérêt de tous les sujets donnés en Droit. Dans un sujet, le problème peut se faire sentir dès sa première lecture, au contraire il peut arriver qu'on l'y recherche et le pose clairement afin de le résoudre.

Pour sa résolution, il faut impérativement battre un plan logique, équilibré, susceptible d'y répondre.

PARAGRAPHE I : LE LIEN ENTRE LA PROBLÉMATIQUE ET LE PLAN

La problématique et le plan doivent être envisagés ensemble. Les deux forment un tout indissociable. Réfléchir à la problématique, c'est déjà réfléchir au plan. De même, la détermination du plan peut amener à modifier la problématique. Il existe un mécanisme itératif entre les deux parties.

Il en résulte que *la problématique et le plan doivent se répondre.*

La problématique est la question que l'on se pose, le « problème juridique », comme le problème de mathématiques. Le plan est la réponse que l'on donne à ce problème. Le développement, à l'intérieur du plan, vient éclairer le lecteur sur le chemin parcouru pour arriver à cette conclusion.

La problématique permet la mise en perspective des connaissances.

Attention : une dissertation sans problématique n'est pas une dissertation, mais c'est un simple exposé ou une simple narration. De même, la problématique n'est pas simplement une question, car elle suppose que la réponse, c'est-à-dire la dissertation, soit une démonstration. On ne peut démontrer le sujet en disant simplement ce qui existe. La problématique doit être plus avancée.

Illustration d'une mauvaise problématique

Sujet : Les transitions politiques en Afrique et la rigidité constitutionnelle

Proposition de problématique impertinente : « ***le coup d'État est-il condamné par la Constitution*** *?* » c'est une problématique facile et basique dont on n'a pas besoin de le démontrer.

En revanche, l'on peut accepter la problématique suivante sur le même sujet : ***« peut-on parler de rigidité constitutionnelle dans cette dynamique de prisme des transitions politiques en Afrique ?*** »

PARAGRAPHE II : L' ADOPTION D' UNE PROBLÉMATIQUE

Pour chaque sujet, il y a toujours plusieurs problématiques possibles. Plus le sujet est précis, libellé sous forme interrogative, sous la forme d'une question fermée, plus le choix dans la problématique sera réduit, et vice-versa.

Pour l'adoption de la problématique, il y a au minimum trois (3) étapes à suivre.

Une première étape consiste à confronter les rubriques. Elles permettent de voir émerger les points récurrents dans l'environnement du sujet.

Durant cette opération, l'étudiant ou le candidat prendra soin de confronter les rubriques et les sous-ensembles qu'il a pu définir avec le sujet lui-même. Il est donc nécessaire de relire le sujet et de passer en revue les rubriques elles-mêmes. Cette opération permet d'isoler les rubriques qui n'ont qu'un lien indirect, vague, ou peu d'intérêt réel avec le sujet. À l'opposé, les rubriques qui semblent les plus intéressantes et les plus exploitables peuvent être identifiées pour être confrontées. Plusieurs problématiques peuvent émerger, alors il faut en choisir une.

Une deuxième étape consiste à formuler la problématique sous une forme affirmative.

Pour ce faire, on pose la problématique en commençant la phrase par **« Je veux démontrer que….»**

Cette phrase doit être écrite sur le brouillon. On peut retravailler plusieurs fois l'intitulé pour que la problématique soit claire et précise et digeste.

Une troisième étape consiste à transformer la forme affirmative en une forme interrogative.

Sur le sujet « **le coup d'État est-il condamné par la Constitution** ?»

La forme affirmative de la problématique se construit de la manière suivante : ***« je veux démontrer que la rigidité constitutionnelle dans une dynamique de prisme des transitions politiques est teintée d'une difficulté en Afrique »***

Pour la rendre d'une forme interrogative, on dira donc : ***« peut-on parler de rigidité constitutionnelle dans cette dynamique de prisme des transitions politiques en Afrique ? »***

C'est la forme interrogative qui va apparaitre dans le devoir. La forme affirmative qui commence par « je veux démontrer que » doit rester bien en évidence sur le brouillon et ne jamais quitter l'esprit pendant.

A- L'élaboration d'un plan

Point de rappel : le plan et la problématique sont liés.

Le point de départ est donc la formulation affirmative de la problématique qui commence par « **je veux démontrer que.** »

Sur cette idée, un plan sera élaboré. Il convient de se souvenir des éléments qui ont permis d'adopter cette problématique. Comment en est-on arrivé à cette problématique ? Quelles raisons ont motivé ce choix ? On pourra alors dégager deux idées majeures qui ont permis à la problématique de s'imposer. À ce stade, les idées du plan ne doivent donc pas être « *inventées* », rajoutées ou cherchées ailleurs : elles se déduisent de notre cheminement de pensée lors de l'élaboration de la problématique. C'est en cela que la problématique et le plan sont liés.

Le choix du plan doit être cohérent. Le plan est la colonne vertébrale du devoir.

Il existe plusieurs familles de plan :

Le plan chronologique : il consiste à organiser les idées de façon historique. Il est utile lorsque le sujet demande une analyse de l'évolution d'un concept. Il permet la distinction de deux grandes périodes ou deux grandes phases.

Le plan de conséquences ou plan bateau : il regroupe tous les plans qui permettent d'organiser deux volets principaux d'une notion.

Exemple de plan de conséquences :

I- Conditions
II- Effets
I- Qualification
II- Régime
I- Causes
II- Conséquences

Le plan d'opposition : celui-ci permet d'ordonner deux idées qui semblent être opposées souvent dans le concept lui-même[5].

Exemple d'un plan du type opposé

I- Principe

Exception

Encore possible dans une qualification donnée dans le titre[6].

Exemple d'un plan de type

I- *Une réforme justifiable*

II- *Une réforme critiquable.*

C'est la traduction sous forme juridique du célèbre plan de type

I- thèse

II- antithèse.

Le plan comparatif : doit être adopté lorsque le sujet demande une comparaison.

Dans ce cas, il n'est jamais organisé en séparant les deux notions à comparer, mais s'articule, au contraire, autour de deux idées transversales aux deux thèmes.

Exemple de plan comparatif :

Sujet : *« La règle de droit et la règle morale. »*

Pour traiter de ce sujet, il est proscrit de faire facile comme celui qu'on vous présente ci-dessous.

I. La règle de droit

II. La règle morale

Avec ce type de plan, la comparaison est compliquée.

Un plan possible :

---

[5] Cela n'est possible que dans le cadre d'un sujet à double dimension.

[6] Ceci est bien possible en traitant d'un thème de droit dans un manuel, une doctrine, un mémoire ou dans sujet de droit aussi.

I. Deux règles de conduite sociale
II Deux règles à valeur différente

Avec ce plan, la comparaison est bien possible

On voit bien que le plan comparatif doit avant tout reposer sur une mise en avant des ressemblances et des différences entre deux notions.

B- La rédaction définitive d'un plan

Le plan de dissertation est apparent dans la copie de dissertation. Il convient de bien le faire ressortir de la copie, en le soulignant, le surlignant, en utilisant une encre différente, ou encore, lorsqu'il est fait à l'ordinateur, en utilisant une police d'une taille différente, gras, etc.

Un plan de dissertation doit toujours répondre à une série de règles formelles :

- un plan est toujours composé de deux parties sauf exception ;[7]
- un plan est équilibré ;
- les titres se répondent. Au niveau hiérarchique similaire, la formulation est la même ;
- à l'intérieur des titres, pas de ponctuation, pas de verbe conjugué, par de phrases complètes ;
- les titres comportent un élément de qualification ;
- les titres sont objectifs et relativement parlants.

---

[7] On peut faire un plan tripartite à condition que le sujet l'exige, c.-à-d. le plan bipartite n'en est pas possible.
En clair, retenez que le plan comportant trois parties n'est pas interdit, mais il est farouchement déconseillé.

N.B. Il faudra noter enfin qu'un plan de dissertation d'un devoir totalement rédigé admet généralement deux ou trois niveaux hiérarchiques :

Exemple d'un plan à triple hiérarchie

PLAN

I-

A-

1-

2-

B-

1-

2-

II-

A-

1-

2-

B-

1-

2-

Parfois, le travail de dissertation juridique se compose uniquement d'un plan détaillé en plus de l'introduction. Dans ce cas, en plus des trois niveaux hiérarchiques, des exemples peuvent être rajoutés entre chaque sous-partie (entre le titre 1 et le titre 2). C'est ce qu'on appelle l'appareil scientifique « sec » (que l'on reverra plus tard).

Retenez que le **I-B et II-A** constituent le cœur du devoir, d'où l'essentiel du traité du sujet.

SECTION III : LA TECHNIQUE DE RÉDACTION D' UN SUJET DE DROIT

PARAGRAPHE I : LA TECHNIQUE DE RÉDACTION DE L' INTRODUCTION

L'introduction est une partie importante sinon la partie la plus incontournable d'un devoir de dissertation. Elle donne un sens au traité du sujet.

De par sa fonction, qui est d'amener la problématique puis le plan et en fait, toute la dissertation, mais également de par sa taille. En droit, l'introduction d'une dissertation compte en général pour un tiers du devoir.

L'introduction de la dissertation juridique comprend :

1- La phrase d'accroche

C'est elle qui amène le sujet et doit présenter cinq (5) caractères. Elle est courte. Engendre la sympathie. Crée la surprise. Suscite la curiosité. Évoque le contenu.

C'est la phrase d'ouverture du sujet. Elle doit être en relation avec le sujet. Celle-ci peut être composée d'une citation au sens large : un proverbe, une expression, mais aussi un extrait d'un article de loi, d'une décision de justice, la citation d'un auteur, d'une maxime. Dans ce cas, il faut toujours disposer de la citation entre guillemets (« ... ») et faire référence à l'auteur.

Exemple : « *tous les êtres humains naissent libres et égaux en dignité et en droit...* » article 1 de la déclaration universelle des droits de l'homme ; 12 décembre 1948.

La phrase d'accroche peut également être liée à l'actualité, pourvu que l'actualité ait un lien avec le sujet.

2- L'encadrement du sujet

L'encadrement du sujet est une nouvelle approche méthodologique qui regorge d'une partie essentielle du traité. On peut l'appeler le contenu de l'introduction, car il renferme des sous-parties qui se présentent comme suit :

➢ **La définition**

La définition d'un sujet se fait selon les trois (3) natures de sujet en droit.

✓ Le sujet de mot : il est le plus ou moins compliqué dans la définition. Il est recommandé de donner deux définitions distingues aux sujets de mots. Soit, une définition légale et juridique, juridique et littéraire, etc.

Exemple : Droit, Loi, État, Mariage, chèque, désuétude, jurisprudence, polygamie, viol, vol, etc.

✓ Le sujet de phrase : il n'est pas compliqué, il s'agit de définir les mots clés sur le propre et les mots non-clés sur le brouillon. Les mots non-clés peuvent avoir leurs synonymes sur le brouillon dans le but de s'assurer du sens desdits dans le sujet et cela permet d'éviter les hors sujet.

Exemple : nul n'est censé ignorer la loi en vigueur, etc.

✓ Le sujet d'expression : ce genre de sujet est à définir une fois, mais de manière générale et complète. Toutefois, on peut le définir deux fois par nécessité suscitée par le sujet.

Exemple : le Code civil, l'état de droit, les ayants droit, etc.

➢ **La délimitation du sujet**

La délimitation est un devoir de maitrise de cours et de programme faisant en sorte de cadrer son propre champ de raisonnement dans le sujet.

La délimitation du sujet permet de savoir comment l'étudiant se cadre dans un débat écrit ou oral.

Elle sert concrètement à limiter le sujet de ses notions voisines. En le faisant, il faudra justifier que les notions voisines écartées ne sont pas par circonstance importantes au sujet à traiter.

Il importe de préciser que la délimitation peut se faire de manière classique ou intrinsèque et de manière extrinsèque. De même, elle peut se faire suivant une circonscription géographique ou périodique.

La délimitation intrinsèque et intrinsèque qui peut bien être envisagée selon le sujet, est une nouvelle démarche. Intrinsèque du moment où la délimitation est possible à l'intérieur du sujet et extrinsèque lors qu'il sera délimité à de véritables notions voisines. Cette dernière délimitation n'est pas obligatoire. En lieu et place, l'on peut se limiter à rappeler simplement le sujet, surtout, lorsque cette dernière ne prête pas à confusion.

➢ **La mise en perspective du sujet**

L'étudiant peut retracer l'évolution historique liée au sujet, mais également aborder des notions philosophiques, comparatistes, économiques, sociales, etc. Une fois abordées ici, ces notions ne seront plus développées dans le corps du texte (puisqu'elles ne sont pas généralement juridiques). À préciser que tous les sujets ne se prêtent pas au point d'histoire, donc cette étape n'est pas obligatoire.

➢ **Le rappel du contexte du sujet**

Le sujet doit être remis dans son contexte plus large possible, on cherche à raccrocher le sujet à son environnement. Si on reprend un sujet portant sur le Code civil, on va d'abord rappeler qu'il existe plusieurs sources de droit, certaines indirectes comme la jurisprudence ou la doctrine, puis d'autres, directes comme la loi qui peut prendre plusieurs aspects matériels, et notamment la forme d'un Code. On pourra rappeler qu'il existe aujourd'hui plusieurs types de codes, etc.

3- L'intérêt du sujet

Le choix du sujet est fondé soit sur un aspect juridique important, soit sur l'actualité politique, économique, etc.

Si le sujet présente un intérêt juridique, cet intérêt doit être à la fois théorique et pratique.

Rien ne s'oppose que le candidat cumule le contexte et l'intérêt du sujet dans un même paragraphe. Le sujet sur « la covid-19 », on dira que le sujet s'inscrit dans un contexte sanitaire et revêt un intérêt juridique à la fois théorique et pratique.

Théoriquement, on explique succinctement en quoi la résolution du sujet permet de comprendre la notion, selon la position du législateur, des doctrinaires, etc. Pratiquement, la traduction de ces positions dans la vie de tous les jours.

4- La problématique de droit

Elle se fait en deux temps : d'abord sous la forme affirmative sur le brouillon. On la change intelligemment en affirmative. Je pars d'un exemple basique sur le sujet portant ''les effets de mariage''.

Affirmative « je veux démontrer que le mariage a des effets juridiques. »

Interrogative, « quels sont les effets juridiques résultant du mariage ? »

Il faut retenir aussi que la question dépend de la réponse. Par exemple, si la forme interrogative débute par « Dans quelle mesure ? » La réponse doit commencer par « Dans une certaine mesure/dans une grande mesure », etc. Si la forme interrogative est sous la forme « Est-ce que… ? » la réponse débutera par « *Oui...* ou *Non...* ». Le oui et non peuvent être exprimés autrement.

5- L'annonce du plan

Une fois la réponse donnée, on termine l'introduction par l'annonce formelle du plan.

Attention : on annonce le plan avec les intitulés exacts que l'on a définis. Le plan annoncé doit être rigoureusement identique au plan qui apparait dans la dissertation. Seules les deux premières parties sont annoncées (I et II). L'étudiant veillera à mettre en perspective les deux titres sans se contenter d'une formule du type « nous allons voir dans une première partie, puis dans une seconde partie. Cela est une démarche intellectuellement proscrite. »

PARAGRAPHE II : LA TECHNIQUE DE LA RÉDACTION DU DÉVELOPPEMENT DU PLAN

La dissertation juridique est une démonstration. Sur la base de la problématique, le candidat ou l'étudiant démontre une idée. On a pris soin d'écrire sur le brouillon « Je veux démontrer que… », c'est l'objectif de la dissertation. Il ne doit jamais perdre de vue.

Pour démontrer une idée, on utilise des arguments. Dans une dissertation juridique, il s'agit de ***l'appareil scientifique*** **:** *ce que dit la loi, ce que dit la jurisprudence, ce que dit la doctrine.* Ces éléments, dégagés lors de la mobilisation des connaissances pour définir une problématique, sont utilisés pour illustrer, renforcer et justifier les propos. Le raisonnement à suivre est alors **un raisonnement par syllogisme** ; en conséquence, l'appareil scientifique est le point de départ permettant de démontrer l'idée retenue. À ce stade, dans son expression, l'étudiant utilisera notamment des mots de liaison de type « comme, si, donc, résultant de, en conséquence, dès lors, cependant, ainsi, alors, toutefois, sauf, néanmoins, etc. ». Dans une dissertation, toute idée avancée doit s'appuyer sur un élément de l'appareil scientifique.

Il ne faut pas partir dans tous les sens, mais plutôt exploiter une idée par sous-division.

Si un paragraphe comporte plusieurs idées, alors on revient à la ligne et on peut introduire les idées en les classant, avec des mots du type « premièrement, deuxièmement, troisièmement » ou encore « tout d'abord, ensuite, puis, encore et enfin. »

Le développement suit donc le plan et rien que le plan.

SECTION IV : L'ÉPREUVE D'EXAMEN OU LE DEVOIR À LA MAISON (LIBRE)

PARAGRAPHE I : LA GESTION DU TEMPS

Le candidat doit savoir gérer son temps de concours ou d'examen.

En général, les épreuves d'examen pour lesquelles il est proposé aux candidats ou étudiants de disserter durent trois (3) heures.

Ces trois (3) heures peuvent être utilisées comme suit :

10 minutes pour définir une problématique.

10 minutes pour définir un plan détaillé.

30 minutes pour écrire l'introduction entièrement au brouillon.

2 heures pour le travail au propre (porter l'introduction sur le propre et faire le développement).

10 minutes pour relire attentivement la copie et procéder aux corrections et amélioration des idées, des formulations ou la syntaxe.

Ce ne sont là que des indications. Certains candidats ou étudiants écrivent plus vite, d'autres plus lentement.

Attention : l'introduction est la seule partie du devoir qui est entièrement écrite sur le brouillon. Il est impossible d'écrire tout le corps du devoir au brouillon, cependant plus le plan retenu sera détaillé au brouillon, plus le développement sera facilement réalisable.

PARAGRAPHE II : L' IMPORTANCE D' UNE PRÉSENTATION CLAIRE

La présentation générale de la dissertation doit être soignée. Il ne faut pas s'y méprendre. Un travail clairement et soigneusement présenté démontre un esprit clair et ordonné, et vice-versa.

Ainsi :

A- La dissertation doit être aérée

Une marge doit toujours être laissée sur un des bords de la feuille et l'écriture doit être assez espacée. De même, l'écriture en soi doit être lisible.

On écrit généralement à *l'encre bleue ou noire.* La couleur est réservée pour les titres du plan, sauf le rouge, pour la correction. La calligraphie doit être particulièrement soignée.

Une écriture lisible est un signe de politesse envers le lecteur.

B- Le style doit permettre une lecture facile

Il est recommandé de faire une phrase par idée, et si possible des phrases courtes avec des temps simples. Il est important à ce titre de bien maitriser la langue. Cette maitrise passe par l'orthographe.

Attention : certains professeurs enlèvent un point par faute d'orthographe.

Par ailleurs, une dissertation n'est jamais écrite avec « je », mais toujours dans un style impersonnel, voire indirect. L'emploi du « on », « il » est accepté. Les abréviations ne sont pas acceptées, on cite toujours en entier (par exemple, on ne dit pas C. de. cass. pour Cour de cassation), art. article, al. Alinéa, etc.

C- Les titres sont apparents, qualifiants ou neutres, soulignés

Il convient de faire des **chapeaux** pour annoncer les sous-parties de I et II, et des **transitions** entre les différentes parties (I et II) pour annoncer ce qui va être traité.

- **Les autres conseils**

- Le brouillon doit donc être utilisé pour :
- *le travail préparatoire (une ou deux feuilles)*
- *la problématique et le plan détaillé (une feuille ou deux)*
- *la rédaction intégrale de l'introduction (deux feuilles voire plus).*

Attention : les feuilles de brouillons sont rarement ramassées et ne peuvent pas être corrigées. Elles ne doivent pas, sauf si demandé, être produites avec le devoir. C'est uniquement la copie finale qui compte.

La première page du devoir doit rester vierge et comporter uniquement l'identification du candidat (prénom, nom, année académique, voire le groupe de TD), ainsi que de l'épreuve (matière, date de l'épreuve, sujet demandé ou choisi, séance).

La dissertation commence sur la seconde page.

Chaque page est numérotée avec mention du numéro de page de la copie et du nombre total de pages.

Une dissertation fait généralement **entre 5 et 8 pages**, soit en moyenne de deux copies doubles, mais jamais plus de deux copies doubles plus un intercalaire. Un travail trop long démontre le manque d'esprit synthétique de l'étudiant ou candidat. À l'inverse, un travail trop court n'est pas un gage de sérieux et de culture juridique.

D- Les règles spécifiques pour le devoir effectué à la maison

Un devoir fait à la maison doit comporter très clairement **les références des ouvrages** et sites utilisés. La dernière page du devoir sera donc composée d'une **bibliographie** sommaire.

Attention : toute utilisation d'une partie d'un livre, revue, site ou ressource sans l'indiquer constitue ***une fraude*, donc du plagiat.**

De même, le ***plagiat*** qui constitue un **manque d'honnêteté intellectuelle**. Il est sévèrement sanctionné. Chaque année, des étudiants pressés recopient purement et simplement des passages entiers trouvés sur internet ou dans les livres. Il est très facile de repérer ces passages. La note sera alors de zéro **(0)** et aucune clémence ne sera accordée.

Ainsi met un terme à l'explication théorique de la dissertation juridique et ouvre la voie à celle consacrée au commentaire de décision de Justice.

CHAPITRE II

La lecture et l'analyse de la décision de justice

Ici, la lecture formelle de l'arrêt et la maitrise des terminologies juridiques utilisées dans les décisions de justice seront abordées.

Les décisions de justice obéissent à un style de rédaction particulière. Pour y réussir, l'étudiant doit se montrer persévérant, courageux et être prêt à apprendre et maitriser toute décision qu'il trouve. Pour ce faire, il faut savoir ce que sait *la jurisprudence, le jugement, l'arrêt, l'ordonnance, la sentence et le rapport. L'on peut aussi s'intéresser aux conclusions, avis, réquisitions, réquisitoire, requête, signification, mémoire, etc.*

Ne soyez pas découragés par vos premières expériences : une décision de justice ne se lit pas comme un article de journal. C'est un véritable travail intellectuel, qui exige beaucoup d'attention. Même un juriste chevronné doit souvent lire plusieurs fois une décision avant d'être en mesure de l'utiliser.

Section I : la lecture formelle de l'arrêt

Se familiariser avec la présentation :

Il faut lire beaucoup d'arrêts, pour se familiariser avec leurs modes de raisonnement, leur style et leur terminologie. *Tel que, appelant, intimé, pourvoi, sursis, minute, factum, plumitif, conclusions d'appel, arguments, moyens, dépositions de témoins, procès-verbal d'interrogatoire, etc.*

Pour lire et analyser une décision de justice, il faut passer par des étapes ci-après :

Étape 1 : la première étape consiste essentiellement à lire la décision de justice.

Étape 2 : elle est très importante, elle permet d'analyser profondément la décision de justice :

1. La juridiction et la date de la décision étudiée
2. Les parties au procès
3. Les faits à l'origine du litige et l'objet du litige
4. Le déroulement de la procédure
5. L'énoncé du problème de droit
6. Les arguments des parties et moyens invoqués
7. Les motifs de la décision
8. Le dispositif de la décision

Étape 3 : c'est l'étape de la démonstration de l'objectif et de la démarche envisagés.

Il s'agit de répondre aux questions en mettant en évidence la solution apportée à un problème juridique survenu à l'occasion d'un litige. L'objectif de l'exercice est de vérifier que vous êtes capable de :

- situer la décision de justice étudiée (juridiction, date, procédure, domaine de droit concerné) ;
- dégager le problème juridique posé et le raisonnement de la juridiction pour le résoudre ;
- mettre en œuvre une démarche méthodique et rigoureuse pour répondre aux questions posées.

En le faisant, il faudra une bonne maitrise des termes juridiques spécifiques, ainsi qu'une connaissance précise des étapes de la procédure et du système judiciaire.

SECTION II : LA MAITRISE DES TERMINOLOGIES JURIDIQUES

Le candidat ou l'étudiant doit, avant de s'employer dans cet exercice, maitriser certaines terminologies judiciaires qu'on retrouve essentiellement dans tous les arrêts.

Arguments : ce sont des arguments présentés par les parties devant le juge pour obtenir la décision favorable de la juridiction.

Appel : est une voie de recours ordinaire par laquelle une partie porte le procès devant une juridiction du second degré (Cour d'appel).

Appelant : c'est la personne qui fait appel d'une décision du premier degré devant la Cour d'appel.

Arrêt : est la décision d'une juridiction supérieure : Cour d'appel, Cour de suprême, Cour des comptes, Cour constitutionnelle, etc.

Arrêt confirmatif : c'est l'arrêt de la Cour d'appel confirmant le jugement des premiers juges.

Arrêt infirmatif : c'est l'arrêt de la Cour d'appel contraire au jugement des premiers juges.

Attendu ou considérant (motif) : mot introductif des paragraphes d'une décision de justice (faits, droit, arguments du demandeur et du défendeur).

Défendeur : c'est la personne contre laquelle la procédure est engagée.

Demandeur : c'est la personne qui engage ou active la procédure.

Dispositif : c'est la partie d'un jugement ou d'un arrêt qui énonce la décision de la juridiction. Il s'écrit dans la décision **PAR CES MOTIFS**.

Grief : c'est le reproche qu'une partie porte devant le juge (**faire grief** : reprocher).

Intimé : c'est le défendeur devant la Cour d'appel.

Jugement : est toute décision d'une juridiction du premier degré (tribunal de première instance, tribunal de commerce, tribunal militaire, tribunal du travail, tribunal pour enfants).

Juges du droit : il s'agit des magistrats de la Cour suprême (par extension, la Cour suprême elle-même).

Juges du fond : ce sont des juges du premier et second degré (par extension, les juridictions du premier et second degré).

Motifs : ce sont des arguments de la juridiction. Ils s'écrivent dans le jugement, les **DISCUSSIONS.**

Moyens : ce sont des dispositions que les parties invoquent devant le juge, susceptibles d'être appliquées pour trancher le litige.

Parties : il s'agit des personnes qui sont opposées dans un litige.

Pourvoi en cassation : recours contre une décision en dernier ressort porté devant la Cour suprême. La Cour suprême rejette (arrêt de rejet) ou casse et annule (arrêt contesté).

Révision : c'est une voie de recours soulevée par devant la juridiction du jugement afin qu'elle corrige une erreur judiciaire.

Cela doit faire en ayant à l'esprit le contenu de la 2e étape qui consiste à comprendre et à l'analyse de la décision de justice

La méthode d'analyse suppose le respect d'un schéma type pour présenter les points suivants.

1. la juridiction et la date de la décision étudiée
2. les parties
3. les faits à l'origine du litige et l'objet du litige
4. le déroulement de la procédure
5. les arguments des parties
6. l'énoncé du problème de droit
7. les motifs de la décision
8. le dispositif de la décision

Étape 4 : rédiger votre réponse

La réponse doit être organisée selon le plan de l'analyse. Les étapes du raisonnement doivent apparaitre. Il faut se garder de recopier des passages entiers de la décision de justice.

Efforcez-vous de recourir au langage adapté. Il faut bannir les formulations non juridiques ou déplacées.

Exemple *: on ne « porte pas plainte » devant les juridictions civiles, on* ***assigne****. La Cour d'appel ne rend pas un jugement, mais un* ***arrêt****. La Cour suprême ne condamne pas une partie, elle* ***casse*** *la décision des juges du fond, ou elle* ***rejette le pourvoi des parties****, etc., exception faite à la Cour commune de justice et d'arbitrage (CCJA).*

CHAPITRE III

La fiche de jurisprudence ou celle d'arrêt

La fiche d'arrêt ou fiche de jurisprudence doit faire ressortir les 6 points ci-après :

- La date et la juridiction
- Les faits
- La procédure
- Les prétentions et arguments des parties
- Le problème juridique
- La solution apportée au problème

POUR ILLUSTRATION

- **La référence de la décision**

Nom de la juridiction qui rend la décision qui vous permet de savoir si la décision émane d'une juridiction de droit commun ou d'une juridiction d'exception ; Chambre ou formation de la juridiction qui statue ; date de la décision (le numéro de la requête n'est pas exigé par les chargés de TD puristes, mais il très utile pour retrouver la décision sur *wwwOhada.com, Cour des comptes.gn.org,* … dont vous devez obligatoirement visiter le site).

1- La juridiction et la date de la décision étudiée (décodage)

Indiquer s'il s'agit d'un jugement ou d'un arrêt, quel tribunal ou quelle Cour est intervenu (e).

Exemple : arrêt du 24 février 2023 rendu par la 1re chambre civile de la Cour suprême.

2- Les faits

Il s'agit de résumer les faits utiles à la compréhension du litige en écartant les détails sans intérêt et en disant l'essentiel en quelques lignes.

Une personne qui n'a pas la décision sous les yeux doit comprendre les tenants et aboutissants de l'affaire en vous lisant. Le résumé doit être le plus court possible et ne dire que l'essentiel. On ne nomme pas les parties ici. On dit souvent X et Y.

Dans l'exposé des faits, le juge peut opter au style direct ou au style indirect. Pour le style direct, le juge parle à la place des parties. En revanche, pour le style indirect, il fait parler les parties.

Exemple de style direct : le 28 mai 2018, M. et Mme. se sont mariés devant l'officier de l'état civil de la Commune de…

De ce mariage, trois enfants sont nés dont…

Exemple de style indirect : attendu que M. et Mme se sont mariés devant l'officier de l'état civil de la Commune X, le 28 mai 2018 ;

Que de ce mariage, sont nés trois enfants dont…

3- La procédure

Il s'agit de retracer les étapes d'un procès civil, administratif, commercial ou pénal. On peut donc être soit à la première étape du procès si la décision (c'est un jugement) émane d'une juridiction du premier degré ; soit à la seconde étape si la décision est rendue par une juridiction d'appel (juridiction du second degré) ; soit devant la Cour suprême de l'ordre de juridiction judiciaire, soit, devant la Cour constitutionnelle juridiction parallèle.

La rubrique « Procédure » doit être renseignée de la façon suivante :

- Juridiction du premier degré

La décision que vous lisez peut émaner d'une juridiction du premier degré (TPI ou JP). La décision que vous lisez vous donne ou pas des informations sur cette juridiction et sur la décision qu'elle a rendue. Si ça n'est pas le cas, relevez que vous ne pouvez pas savoir quelle juridiction précisément a statué « en première instance », mais que, eu égard à l'objet du litige, il doit s'agir de telle ou telle juridiction (un Tribunal de première instance, un Tribunal de commerce, un conseil de discipline de barreau, etc.). Vous préciserez qui était demandeur et qui était défendeur à ce stade de la procédure.

- Juridiction du second degré

La décision que vous lisez peut émaner d'une juridiction du second degré : dans cette hypothèse, la décision vous donne des informations sur la décision ou jugement rendu en première instance. Si ce n'est pas le cas, la décision vous renseigne sur la décision rendue en appel, s'il était possible de faire appel... Vous préciserez qui est « appelant » et qui est « intimé.»

- Juridiction de cassation

Les décisions que vous aurez à lire et à comprendre seront souvent des décisions rendues par la Cour suprême ou par la Cour Commune de Justice et d'Arbitrage (CCJA). Vous préciserez qui est demandeur de pourvoi à la cassation et qui est défendeur de pourvoi à la cassation.

4- Les thèses en présence

Le candidat ou l'étudiant doit ressortir les thèses en présence ou les arguments des parties ou encore les prétentions soutenues par les parties devant la juridiction qui a rendu la décision analysée.

- En 1re instance, ce sont la demande et la défense initiales ;
- En appel, ce sont les prétentions et les arguments de l'appelant et de l'intimé, consignés dans les conclusions d'appel, les répliques, les dupliques et les mémoires en défense selon les cas ;
- Devant la Cour suprême, les deux positions adverses sont : la décision prise par l'arrêt attaqué et l'argumentation du pourvoi (qui attaque cet arrêt), c'est-à-dire les moyens de cassation soulevés.

Il convient de souligner que les arguments doivent être soutenus par les moyens de défense par les parties.

5- Le problème de droit

Le candidat ou l'étudiant doit identifier le problème de droit à partir de la demande initiale présentée par telle ou telle partie au procès. Il faut le formuler de la manière la plus claire et concise possible. Vous devez le formuler de manière interrogative.

C'est une question, elle doit être pertinente. Pour savoir cette pertinence, la question doit être générale sur le plan juridique admissible dans tous les cas où toutes affaires similaires. Exemple : le reproche fait par le pourvoi à l'arrêt attaqué est-il justifié ? Cette question peut être posée à plusieurs arrêts à commenter.

6- La solution retenue

La solution que la juridiction a donnée doit être clairement identifiée dans la décision. C'est ça, la position du juge et vous la citer entre guillemets.

Elle répond à la question de droit posée. Vous pouvez vous demander si la solution est nouvelle ou si elle n'est que la répétition de précédentes décisions concernant des cas semblables. S'elle n'est pas rendue sous l'influence d'une doctrine, jurisprudence, d'un principe, etc.

Pour retrouver la solution dans l'arrêt, il faut aller vers la fin de l'arrêt dans la rubrique intitulée

« PAR CES MOTIFS. »

CHAPITRE IV

LE COMMENTAIRE D'ARRÊT

Le commentaire de décision est l'exercice le plus fastidieux et complet. Il est conseillé à l'étudiant et professionnel d'avoir une culture de jurisprudence suffisamment concordante. Il faut tâcher à apprendre de *la matière et savoir remarquer la nature de la décision ; s'il s'agit d'un arrêt de la Cour suprême de 2020 ou d'un jugement du tribunal de Mafanko de 2019,*

Il est proscrit de s'obstiner à suivre le plan de Djibril MAGASSOUBA, que votre correcteur n'appréciera point. Aussi, ne pas se contenter à paraphraser l'arrêt...en commençant par se perdre dans les faits.

Enfin, il ne doit pas se borner à réciter une tranche de cours correspondant plus ou moins bien à l'espèce ou même se contenter de recopier fidèlement l'arrêt ou le jugement soumis au commentaire.

Il est loisible de donner l'arrêt de la Cour suprême à commenter dans la mesure où, il a connu toutes les étapes de l'instance d'une affaire. Toutefois, rien ne s'oppose qu'on donne un jugement d'une juridiction du premier degré à commenter. Ainsi, l'expression appropriée sera ''le commentaire de décision de justice''. Mais l'expression consacrée demeure le commentaire d'arrêt.

SECTION I : L'APPROCHE MÉTHODOLOGIQUE

La méthodologie du commentaire d'arrêt est complexe et souvent difficile à assimiler. Si c'est en forgeant que l'on devient forgeron, c'est aussi en écrivant des commentaires que l'on devient un bon commentateur.

L'objet et difficulté du commentaire

Le but du commentaire d'arrêt est, comme son nom l'indique, d'analyser et de commenter une décision du juge. On ne critique pas le juge, mais sa décision.

Le commentaire d'arrêt est un exercice à la fois théorique et pratique. Il se place à ce titre entre la **dissertation** (exercice purement théorique) et le **cas pratique** (exercice pratique).

Le *commentaire d'arrêt* est en fait un *commentaire de décision de justice* : arrêt (d'une Cour), jugement (d'un tribunal ou justice de paix) ou sentence (d'un arbitre ou d'un tribunal arbitral). Parfois, il sera demandé de commenter simultanément plusieurs décisions (on parlera alors de *commentaire comparé*, l'objectif étant de comparer les deux décisions). D'autres fois, l'objet du commentaire ne sera qu'un extrait d'une décision (notamment *dans le cas des longues décisions rendues par les juridictions étrangères et internationales*). Mais le plus souvent, le commentaire portera sur une décision récente de la Cour suprême, de la Cour constitutionnelle ou de la Cour des comptes. Dans tous les cas, l'essence de l'exercice demeure identique : il s'agit toujours de mettre en relation une règle générale avec des faits d'espèce. C'est donc un exercice à la fois théorique et pratique.

Chaque commentaire est différent, parce que chaque décision est différente. On peut cependant classer les commentaires en plusieurs types génériques :

- les commentaires dans lesquels il s'agit d'expliquer un arrêt de principe récent qui pose une solution toujours en vigueur ;

- Un arrêt de principe dont la solution vient d'être démentie (revirement de jurisprudence) ;
- un arrêt de principe ancien dont la solution est toujours en vigueur ;
- un arrêt de principe ancien dont la solution a été renversée depuis ;
- un arrêt d'espèce conforme à un arrêt de principe connu ;
- un arrêt d'espèce contraire à un arrêt de principe connu ;
- les commentaires dans lesquels il s'agit d'expliquer un défaut dans la motivation de la décision.

Dans tous les cas, il ne faut pas perdre de vu que le commentaire d'arrêt n'est pas une dissertation juridique encore moins une séquence de paraphrase ou une description simple (ça en fait partie, mais ça ne suffit pas).

Retenons que le commentaire d'arrêt est, objectivement, un exercice plus difficile que la dissertation ou le cas pratique.

Pour réaliser un bon commentaire, il faut non seulement connaître parfaitement le fond du droit, mais il en faut en plus comprendre les motivations trop souvent laconiques du juge. Pour s'en persuader : si l'on ne connaît pas la jurisprudence antérieure, on ne saura pas si la décision à commenter est un revirement ; si l'on ne connaît pas la doctrine, on ne saura dire si la solution a été donnée sous l'influence d'un courant ou d'un autre. Il n'en demeure pas moins vrai que le commentaire donne un support qui rassure l'étudiant. On peut donc conclure qu'en règle générale, il est plus difficile de faire un très mauvais commentaire qu'une très mauvaise dissertation (page blanche).

SECTION II : LA SYNTHÈSE DE LA MÉTHODE DU COMMENTAIRE

Il existe plusieurs méthodes pour réaliser un commentaire, et plusieurs variantes de chacune de ces méthodes. Il est généralement conseillé de se former à la méthode complète (et assez pénible) pour pouvoir juger soi-même, une fois que l'on est suffisamment expérimenté, quelles étapes l'on peut sauter.

On peut départager 4 grandes étapes dans la rédaction d'un commentaire d'arrêt :

1. **Les lectures de l'arrêt** (15 min) (phase cruciale) : d'abord pour prendre connaissance de sa teneur, ensuite pour approfondir puis pour vérifier que l'on n'est pas hors sujet.
2. **Le travail de préparation** (15 min) : la *fiche d'arrêt.*
3. **L'élaboration du plan et de l'introduction** (45 min) (phase cruciale).
4. **La rédaction du corps du commentaire** (1h 35 min) ; pensez à garder 10 minutes à la fin pour la **relecture**.

Étape 1 : Les lectures de l'arrêt

La première lecture, assez rapide, sert à prendre connaissance de l'arrêt. À l'issue de cette lecture, il faut avoir en tête les faits d'espèce, le thème de l'arrêt, la question de droit, la solution. Il faut également avoir identifié les différentes parties de la structure de l'arrêt : le visa, les faits, les motifs du pourvoi, les motifs de la décision et le dispositif. Il peut être utile de numéroter ces parties en marge du texte.

La seconde lecture, plus approfondie que la première, sert à élaborer la fiche d'arrêt qui conduit à la construction du plan. C'est une lecture « le crayon à la main. »

Pour des raisons pédagogiques, il est utile de rappeler les structures des différents arrêts qui entrent dans le jeu intellectuel.

- **les rappels sur les arrêts de cassation :**

La Cour suprême de Guinée peut **casser et annuler** l'arrêt attaqué ; l'affaire sera alors rejugée par une Cour d'appel de renvoi. La Cour suprême peut aussi **rejeter le pourvoi** : dans ce cas, l'arrêt attaqué n'est pas annulé ; il doit toutefois être lu à la lumière de l'arrêt de la Cour suprême. La physionomie de la décision change selon la décision prise par la Cour (cassation ou rejet).

la structure d'un arrêt de cassation est la suivante :

Plan : *sur le moyen unique / premier, deuxième, troisième moyen*

Visa : *vu l'article... du code y...*

Discussions : les motivations de la Cour suprême

Règle abstraite (facultatif) : *Attendu que ce texte énonce que...*

Rappel de la procédure antérieure, des faits et de la solution donnée par la Cour d'appel : *il est fait grief à l'arrêt attaqué de...* ;

Attendu que la Cour d'appel a retenu que...

La solution en droit de la Cour suprême : *mais attendu que...*

Dispositif : **PAR CES MOTIFS :** *En statuant ainsi...*

En la forme :......................

Au fond :.........................

Décide ou casse l'arrêt...

La structure d'un arrêt de rejet est la suivante :

Plan : *Sur le moyen unique / premier, deuxième, troisième moyen*

Discussions : les motivations de la Cour suprême

Rappel de la procédure antérieure, des faits et de la solution donnée par la Cour d'appel : *il est fait grief à l'arrêt attaqué de...* ;

Attendu que la Cour d'appel a retenu que...

Réfutation des arguments des auteurs du pourvoi : *mais attendu que...*

Dispositif : **PAR CES MOTIFS :** *En statuant ainsi...*

En la forme :.......................

Au fond :...........................

Rejet du pourvoi...

- **les motifs positifs de cassation sont les suivants :**

1- La cassation pour violation de la loi

Refus d'application : le juge n'a pas appliqué la règle de droit applicable aux faits de l'espèce.

Fausse application : le juge a retenu un mauvais fondement à sa décision, il n'a pas appliqué la bonne règle de droit soit par erreur ou intentionnellement. ***Exemple*** : le juge prend appuis sur les dispositions de l'article 111 en lieu et place de celles de l'article 11 du code...

Fausse interprétation : le juge a mal interprété la loi ou a insuffisamment interprété la loi...

Fausse qualification : le juge a mal qualifié les faits de l'espèce. le viol et les attouchements sexuels, etc.

Faute de motivation : le juge n'a pas suffisamment motivé ou discuté les faits pour aboutir à sa décision.

2- La cassation pour défaut de base légale

Il s'agit de l'hypothèse dans laquelle le juge n'a pas suffisamment motivé sa décision pour que la Cour suprême puisse effectuer un contrôle efficace. Il incombera alors à la juridiction de renvoi de faire de nouvelles recherches afin de rendre une décision mieux motivée. Il est souvent (mais pas toujours) sous-entendu que, s'il n'y avait pas eu de défaut de base légale, si l'arrêt de la Cour d'appel avait été suffisamment motivé, la solution eût été différente.

3- **La cassation disciplinaire**

Il s'agit d'une cassation pour vice de forme (exemple, absence de réponse aux conclusions des parties, dénaturation, défaut de motifs, etc.). Le fond n'est pas affecté : la Cour de renvoi pourra reprendre la même solution de fond, mais en respectant la procédure afin de ne plus reproduire le vice.

➢ **les motifs spécifiques entraînant le rejet du pourvoi**

1- **Le motif surabondant**

Les juges du fond ont invoqué un motif inutile pour justifier leur décision, qui était déjà justifiée pour d'autres motifs. La Cour suprême peut ignorer le motif surabondant, ou le critiquer. Dans ce dernier cas, même si l'arrêt attaqué n'est pas cassé et annulé, l'arrêt de rejet a la même force qu'un arrêt de cassation au regard du motif critiqué.

2- **La substitution de motifs**

Les juges du fond ont pris la bonne décision pour de mauvaises raisons. La Cour suprême substitue donc les motifs erronés des juges du fond par ses propres motifs, tout en confortant la décision sur le fond.

Étape 2 : le travail préparatoire (brouillon)

À l'issue de la deuxième lecture, le brouillon doit être rempli d'éléments « en vrac ». Les commentateurs déjà expérimentés mettront de l'ordre trois (3) éléments qui sont essentiellement conseillés sans utilisation de brouillon : les faits, la procédure et la règle de droit.

Les commentateurs moins expérimentés préféreront souvent rédiger la *fiche d'arrêt* au brouillon.

L'élaboration de la fiche d'arrêt est une étape importante, puisqu'elle permet de structurer l'introduction.

La *fiche d'arrêt* se compose des questions suivantes :

- ***Quels sont les faits d'espèce ?*** (On peut aussi traiter de la procédure, qui se résume dans la plupart des cas au triptyque « première instance – appel – cassation »).

- ***Quelle est la procédure ?*** (Facultatif : à traiter indépendamment des faits seulement dans le cas où la procédure a une incidence particulière).
- ***Quelle est la question de droit ?***
- ***Quels sont les arguments des parties ?***
- ***Quelle est la réponse de la Cour ?***

Étape 3 : L'élaboration du plan (brouillon) et de l'introduction

Une fois la fiche d'arrêt rédigée, il faut passer à l'élaboration du plan de commentaire. Il existe certains impératifs quant à la structure du plan et de l'introduction.

On ne fait **pas de conclusion** dans un commentaire d'arrêt. Ce n'est de toute manière pas nécessaire, car, bien que cela puisse paraitre étrange, l'introduction fait office de conclusion. Il ne faut en effet pas faire de « cachoterie » dans l'introduction ; il ne faut surtout pas « faire durer le suspense ». L'introduction doit énoncer la solution, mais sans donner les éléments du raisonnement qui permettent de l'atteindre. Ces éléments feront l'objet du corps du commentaire.

Il est tout de même possible de montrer sa position vis-à-vis de l'arrêt commenté, mais cela ne constitue nullement pas une conclusion au sens stricto sensu.

SECTION III : LA STRUCTURE GÉNÉRALE DE L'INTRODUCTION

La structure de l'introduction d'un commentaire d'arrêt est la suivante :

- Paragraphe ou phrase d'accroche
- Fiche d'arrêt (v. ci-dessus) : résumé des faits et de la procédure…
- Intérêt de l'arrêt
- Énoncé de la problématique du commentaire
- Sens de la décision
- Énoncé du plan

1- Le paragraphe d'accroche

On n'a jamais une deuxième occasion de faire une bonne première impression.

Le paragraphe d'accroche doit être court. Bien souvent, une seule phrase suffit (surtout lorsqu'on n'a que 3 heures pour rédiger le commentaire). Il n'est pas nécessaire d'aller chercher une citation de jurisconsulte romain ou de citer Emmanuel Kant sur le principe d'autonomie de la volonté : tenez-vous-en, à des choses simples. Par exemple, vous pouvez commencer par

« L'arrêt commenté revient sur une jurisprudence qui paraissait bien établie... ».

2- Les faits

Il s'agit de détailler les faits qui ont amené le juge à être saisi. Ne reprenez que les faits qui ont une importance pour la suite, inutile de recopier tout l'arrêt. De préférence, commencer cette étape par « En l'espèce, ».

Retenez que le premier attendu de l'arrêt est souvent consacré aux faits.

3- La procédure

Elle commence avec la saisine du juge par une assignation, une requête, ou une plainte. Détaillez si un ou plusieurs autres juges ont déjà été saisis de l'affaire en cause et la solution qu'ils ont retenue. *Tribunal, Cour d'appel, Cour suprême...)* qui est demandeur ? Qui est défendeur ? Quelle est la demande devant le juge du fond ? Dans quel sens les juges ont-ils tranché ? Qui a fait appel sur quel argument ?

Vous rencontrerez les expressions dans l'arrêt « arrêt confirmatif » ou « arrêt infirmatif » « arrêt admet » ou « arrêt déboute. »

Ne pas inventer des éléments de procédure s'ils ne figurent pas dans l'arrêt.

4- Les prétentions des parties

Il s'agit de répondre à deux questions :
Est-ce qu'une des deux parties (ou les deux) s'est pourvue en cassation (au moyen d'un pourvoi) ? Si oui : quels motifs (argument) a-t-elle utilisé pour attaquer la décision rendue par le juge du fond ?
Il convient de rappeler les prétentions devant les juridictions du premier et second degré qui d'ailleurs sont incluses dans les conclusions de pourvoi.

5- La problématique

C'est l'étape la plus importante. Quelle (s) question (s) de droit a été posée (s) au juge ? Quelle est la problématique juridique à laquelle il devra répondre ?
La question doit être pertinente et toujours formulée sous la forme interrogative.

6- La solution

Le juge a-t-il admis ou rejeté le recours ? Quelle est la solution retenue au fond par le juge ? (Il ne s'agit pas de répondre ici à votre problématique, car c'est le corps de votre commentaire qui est la réponse à votre problématique).

7- L'annonce du plan

Vous devez dresser un plan qui doit répondre à votre problématique. Les parties aussi doivent se répondre dans le fond.
S'il vous parait trop difficile de trouver un plan cohérent ou si vous n'arrivez pas à assembler vos parties d'une

manière logique, c'est probablement que votre problématique est mauvaise.

Il est habituel, en droit guinéen, de faire des plans en 2 parties et en 2 sous-parties, de cette manière.

I- Partie 1

A- Première sous-partie

B- Seconde sous-partie

II- Partie 2

A- Première sous-partie

B- Seconde sous-partie

Ce n'est pourtant pas une obligation. Les plans en trois (3) parties sont tout à fait acceptables, lorsqu'ils permettent de présenter les choses de manière cohérente. Cela ne suffit pas, il faut aussi démontrer qu'il n'y avait aucune possibilité de traiter le sujet en deux (2) parties.

Il faut prendre conscience que le correcteur a l'habitude de voir et de faire des plans en deux (2) parties. Il aura donc inconsciemment tendance à trouver qu'un plan en trois (3) parties est moins clair, moins cohérent, car tout ce qui est dit dans le commentaire aurait pu être organisé en deux (2) parties. Il est par conséquent conseillé aux étudiants et candidats de s'en tenir au plan classique en deux parties tant que leurs commentaires ont vocation à être évalués par un tiers. Ils pourront faire des commentaires en trois (3) parties, en prenant des distances avec la méthode stricte du commentaire, en dehors du cadre des examens.

Les différentes parties du commentaire doivent être coordonnées et non pas simplement juxtaposées. Il doit y avoir une logique d'ensemble, un fil conducteur déterminé par la problématique générale. Les meilleurs plans sont souvent ceux dans lesquels la division entre les parties apparait évidente. Le meilleur conseil que l'on puisse donner est le suivant : ne cherchez pas à faire un plan à tout prix complexe, car les plans les plus simples sont souvent les meilleurs.

Une fois que vous avez formulé la problématique générale et trouvé les différentes parties de votre commentaire, procédez à une **troisième lecture** de la décision à commenter. Cette lecture vous permettra de vérifier que vous n'êtes pas hors sujet, que votre problématique n'est pas trop théorique, que vous ne faites pas une fausse interprétation des motifs, etc.

Il est alors temps de « remplir » le plan ou de réaliser un plan « détaillé ». Il s'agit, peu ou prou, d'écrire au brouillon, de manière schématique, ce que l'on va dire dans chaque partie du commentaire. Ici, il n'y a pas de « recette » que l'on pourrait donner à l'avance : le contenu des parties dépend de l'arrêt, de la problématique et du plan choisi.

Néanmoins, trois (3) éléments devront systématiquement être présents, dans *chaque* (sous) partie du commentaire :

➢ **Un élément théorique** : il convient de retenir que chaque sous-partie étant consacrée à une idée précise, il s'agit d'expliquer cette idée. Par exemple : telle solution est-elle adaptée ? Est-elle souhaitable ? Est-elle meilleure ou plus mauvaise que l'ancienne solution ? L'application pratique de cette solution a-t-elle des conséquences dans d'autres branches de la matière ou du droit ? Cette solution est-elle une bonne chose ou un « accident de parcours » ? A-t-elle vocation à devenir une solution de principe ? Etc. La liste est longue, presque infinie.

➢ **Un élément pratique** : il s'agit là d'illustrer le raisonnement abstrait développé dans l'élément théorique par l'arrêt. On utilisera la célèbre formule « en l'espèce… ». Il est extrêmement important de ne pas oublier que cet élément pratique (cette formule, *en l'espèce…*) devra être présent dans chaque (sous) partie du commentaire. Si elle est absente d'une sous-partie, c'est que cette partie est trop théorique, trop orientée vers la dissertation. L'expression en l'espèce ou dans le cas d'espèce correspond *à la **mineure*** dans le raisonnement syllogistique judiciaire.

- **Un élément logique** : cet élément constitue le lien logique entre la partie précédente et la partie suivante qui structure le plan. Les différentes parties du plan d'un commentaire d'arrêt ne doivent pas être juxtaposées, elles doivent être coordonnées : les idées doivent découler naturellement, et le lecteur doit être guidé dans un raisonnement logique et progressif. L'élément logique prend la forme, le plus souvent, d'un court paragraphe de transition.

Exemple de Plan à éviter

I- Cour d'appel
II- Cour suprême ;
I- Pourvoi en cassation
II- Solution au litige

- **Sur la forme**

Lorsque vous annoncerez votre plan, à la fin de l'introduction, évitez à tout prix les verbes conjugués dans les titres, les formules génériques du genre « Nous allons voir dans une première partie… et dans une seconde partie… ». Bannissez-le « nous » et le mot « partie ». La meilleure solution est de reprendre les titres des parties du commentaire dans l'annonce du plan.

Les titres des parties doivent être courts (de préférence moins de 10 mots) et incisifs, tout en étant formulés de manière suffisamment générale pour englober tout le contenu de la partie (sinon, c'est du hors sujet).

De manière générale, sur la forme, retenez les deux idées suivantes :

Mieux vaut être incisif qu'exhaustif (Sachez que plus on écrit, plus on court de risques d'écrire des bêtises). Donc,

Soyez sobre dans vos rédactions. *Le droit, dit-on, est sordide et mesquin.*

Étape 4 : La rédaction du corps

Une fois que vous avez trouvé votre plan et rédigé votre introduction, vous devez rédiger le corps du commentaire.

Le corps du commentaire représente généralement les deux tiers de son contenu (le tiers restant étant l'introduction). Si le plan est en deux parties, chaque partie occupera un tiers du devoir. Les parties doivent être équilibrées ; on admet habituellement un écart de 30% au maximum à la faveur de la seconde partie.

Le plus important, dans la rédaction du corps, réside dans les transitions et les annonces de plan intermédiaires (que l'on appelle des *chapeaux* ou *chapôs).* Vous devez ainsi annoncer les sous-parties **(A et B)** comme vous avez annoncé, à la fin de l'introduction, le plan général **(I et II).** Vous devez également terminer chaque partie et sous-partie par une transition. La transition n'est ni une conclusion ni une introduction. Elle doit simultanément conclure la partie qui se termine et annoncer la partie à venir. En d'autres termes, la transition doit énoncer le lien logique qui unit les deux parties.

Le schéma du commentaire d'arrêt

ACCROCHE ....

FAITS ....

PROCÉDURES...

PRÉTENTIONS OU ARGUMENTS DES PARTIES…

INTÉRÊT……………………………………

QUESTION DE DROIT................................

SOLUTION DE LA COUR DE CASSATION ....

ANNONCE DU PLAN ......(I)..........(II)……………

I- Première Partie ……………………………..

Annonce du plan (chapeau) A et B ……………

Sous-partie A ……………………………….

Développements……………………………
Transition…………………………………..
Sous-partie B ………………………..
Développements…………………………
Transition………………………………
II- Seconde Partie ……………………..
Annonce du plan (chapeau) A et B……………
Sous-partie A …………………………..
Développements……………………….
Transition……………………………….
Sous-partie B……………………………..
Développements……………………

On constate qu'il n'y a en principe pas de conclusion après la sous-partie B. Vous pouvez cependant écrire une conclusion rapide en quelques lignes, mais elle devra concerner la sous-partie B. Faites attention de ne pas écrire de conclusion trop générale qui reprendrait des éléments des autres sous-parties. Gardez à l'esprit que les conclusions sont dangereuses : les étudiants ont souvent tendance à reprendre dans leurs conclusions des éléments de la question posée dans l'introduction. C'est une erreur fatale à ne surtout pas commettre. Le commentaire est censé avoir répondu à cette question, il se suffit donc à lui-même.

Toutefois, il peut donner son avis ou impression à la lumière de la décision qu'il a commentée.

En revanche, dans des concours d'accès au métier de Droit (Magistrature, avocature, notariat, etc.), le candidat doit conclure le sujet. Cela est valable pour la dissertation juridique, commentaire d'arrêt et de texte.

CHAPITRE V

LE COMMENTAIRE DE TEXTE

Dans ce chapitre ils seront successivement abordés la notion de l'objectif de l'exercice de commentaire (section I) puis la technique de l'interprétation des textes juridiques (section II) ensuite la préparation du commentaire (section III) et en fin la technique de rédaction (section IV).

SECTION I : L' OBJECTIF DE L' EXERCICE DE COMMENTAIRE

Le commentaire du texte a pour objet la recherche de l'origine, de l'auteur, de la nature, et de la portée du texte à commenter. En clair, le commentateur commente exhaustivement le texte en général pris par leur auteur. Contrairement à la dissertation juridique qui consiste à expliquer exhaustivement le sujet à disserter.

PARAGRAPHE I : LA DÉFINITION DE COMMENTAIRE DE TEXTE

Qu'est-ce qu'un commentaire de texte ?

A : La définition : le commentaire du texte est un exposé consistant à analyser, expliquer et à critiquer le texte donné.

B : Les différents types de textes qui peuvent être donnés à commenter

- Textes législatifs et règlementaires, conventionnels (article de loi, de traités, de décrets, d'arrêtés, etc.)

- Textes doctrinaux (extrait d'un traité juridique, d'un principe, d'une citation, etc.)

- Des documents pratiques (exemple : contrat de mariage, acte de l'état civil, etc.).

PARAGRAPHE II : LES DIFFÉRENTS TYPES DE COMMENTAIRE DU TEXTE

On compte traditionnellement deux types de commentaire du texte : le commentaire linéaire (1) et le commentaire composé (2).

A : Le commentaire linéaire

Le commentaire du texte linéaire consiste à « découvrir » le plan du commentaire à travers le plan du texte lui-même, il faut donc suivre les idées du texte pour former le plan du commentaire. Ainsi, vous devez vous attacher à comprendre des articulations internes du texte et vous intéresser tout particulièrement aux mots de liaison, au mode de verbe, à la logique de rédaction du texte, etc.

Ce type de commentaire est à privilégier chaque fois que le texte s'y prête.

B : Le commentaire composé

Il arrive parfois que le commentaire linéaire ne soit pas pertinent. Les idées contenues dans le texte se répètent à différents endroits, il n'est donc pas possible de suivre le déroulement des idées de manière linéaire. Il faut alors « recomposer » le texte en dégageant les idées essentielles et en les reformulant dans un plan d'idées.

C : les conseils liminaires

Il est indispensable, tout d'abord d'apprendre le Cours.

- Il faut, ensuite, toujours avoir à l'esprit qu'un commentaire du texte doit toujours se référer au texte. On dit habituellement qu'il faut commenter tout le texte (sans qu'un seul passage n'ait été expliqué), mais rien que le texte (ne développe jamais les éléments que le texte ne traite pas).

- Il faut enfin, comprendre le texte : pour cela il faut le lire, voir relire le texte. Il faut également, systématiquement le resituer dans son contexte et prendre garde à l'anachronisme (expliquer le texte à partir de concepts qui n'existent pas au moment où l'auteur écrit).

À ce stade, il importe de mettre un focus sur la technique d'interprétation des textes de loi, les méthodes reconnues et les types de raisonnement en Droit.

SECTION II : LA TECHNIQUE DE L'INTERPRÉTATION DES TEXTES JURIDIQUES

Qu'est-ce qu'on entend par interprétation de texte de loi ? Pourquoi interpréter les textes ?

L'interprétation dont il s'agit ici est l'opération par laquelle une signification va être attribuée à une disposition d'un article, du principe ou d'une citation doctrinale.

L'interprétation permet à l'interprète de décoder les textes consignés des codes.

L'interprétation est une nécessité permanente pour l'application même si l'on soigne particulièrement la rédaction des textes. L'auteur du texte, même avec toute sa bonne volonté, ne peut saisir toute la diversité des faits par une formulation précise et définitive. On aura toujours des cas imprévisibles, exceptionnels. Rien n'est plus difficile que d'appliquer une règle de droit générale, abstraite, figée, formulée pour des situations types à une situation de fait particulière nouvelle correspondant plus ou moins à la situation type. Et les situations pour lesquelles on a conçu les textes évoluent par définition, voire se transforment carrément.

Ajoutons que les textes ne sont pas toujours bien rédigés, qui n'évitent pas des imprécisions, des obscurités, des manques et donc là aussi s'impose, plus que jamais, l'interprétation. En gros, il s'agit de clarifier un texte obscur.

Par ailleurs, le législateur multiplie les dispositions spéciales pour régler chaque cas précis : une logique dite casuistique.

Étant donné qu'il s'agit de spécifier, préciser un texte général. C'est le travail par excellence du juriste. La science de l'interprétation a un mot savant : l'herméneutique, une herméneutique juridique donc pour le cas. C'est au juge que revient principalement la tâche d'interpréter les textes. En principe, il a juste le pouvoir de discerner le sens du texte s'il ne s'avérait pas assez clair, pas assez précis. Cela dit, on le verra, cette activité d'interprétation n'est jamais complètement neutre et la frontière entre l'interprétation et la création est parfois poreuse. Rappelons aussi que le juge a l'obligation de statuer et ne peut refuser de le faire sous prétexte du silence ou de l'obscurité du texte.

Quand on réfléchit bien, on constate qu'en Guinée, la loi ne précise pas comment interpréter, la loi ! Ce sont donc bien les praticiens du droit, juges évidemment comme on vient de le dire, mais aussi avocats ou professeurs d'Université, notaires qui sont à l'origine des méthodes d'interprétation. En somme, l'interprète élabore lui-même les règles d'interprétation. On sait par exemple que le Code civil contient juste certaines règles d'interprétation qui ne valent que pour les contrats et non pour la loi et qui plus est, ces règles ne s'imposent pas au juge ; elles ne sont que des conseils donnés au juge par le législateur.

Il manque dans nos textes constitutionnels le pouvoir conféré à l'Assemblée nationale de garder le pouvoir d'interpréter ses propres lois par une loi postérieure dite loi interprétative et ce dans l'esprit de respecter le principe de séparation des pouvoirs.

Le ministre peut imposer une interprétation de la loi à ses subordonnés par la technique de la circulaire, mais cette interprétation ne s'impose pas aux particuliers et aux juges. Et on sait en droit constitutionnel que des questions écrites peuvent être posées aux ministres par les parlementaires à propos de l'interprétation de tel ou tel texte législatif règlementaire, mais les réponses données constituent des avis « sous réserve de l'interprétation souveraine des tribunaux » selon l'expression classique. On le voit donc, c'est bien aux juges du fond d'interpréter les règles de droit sous le contrôle de la Cour suprême et de la CCJA.

Qui dit interprétation dit méthodes d'interprétation, lesquelles sont donc variées. Mais toutes procèdent de l'idée qu'un texte de droit est une volonté raisonnable.

En même temps, la diversité des méthodes d'interprétation est liée au degré de liberté reconnue à l'interprète par rapport au texte. On a pris l'habitude de distinguer deux grandes catégories de méthodes d'interprétation :

Celles qui vont chercher le sens d'un texte dans le texte lui-même ou au moins son contexte : les méthodes d'interprétation dites intrinsèques.

Celles qui se basent sur des éléments extérieurs au texte interprété : les méthodes d'interprétation dites extrinsèques.

Ce sont les méthodes où l'interprétation ne se base que sur les éléments propres au texte interprété, une interprétation qui va se référer à la lettre comme à l'intention de ses auteurs. C'est l'idée que la règle de droit est contenue entièrement, même implicitement, dans le texte lui-même. Il faut juste l'extraire, la révéler. Il faut en faire, comme on dit, l'exégèse.

PARAGRAPHE I : LES MÉTHODES D'INTERPRÉTATION CLASSIQUES

Pour résoudre les difficultés d'interprétation autrement que par le recours à certaines règles logiques, des écoles sont nées pour proposer, à cette fin, une méthodologie. Il existe plusieurs méthodes d'interprétation, laissées au libre choix des juges. Celles-ci doivent être chronologiquement présentées dans cet ordre : la méthode exégétique, la méthode téléologique (*abordée ci-dessous pour des raisons pédagogiques*), et la méthode créatrice.

A- LA MÉTHODE EXÉGÉTIQUE

Parmi les différentes méthodes d'interprétation possibles, la méthode exégétique est la plus classique. L'attachement au texte est ici essentiel. Elle s'impose au XIXe siècle, à l'ère du culte de la loi, promu par les révolutionnaires et accru par l'entreprise de codification. Ainsi, à cette époque, on pensait que l'essentiel des problèmes d'interprétation pouvait être réglé par la lecture attentive, grammaticale et logique, du code, censé avoir tout prévu. La loi, surestimée, était vue comme le seul moyen de résoudre les difficultés.

L'école exégétique impose alors à l'interprète de s'en tenir au sens littéral du texte, en recherchant la volonté de son auteur, d'où le caractère psychologique attribué à cette méthode.

Dans cette perspective, la référence aux précédents historiques, la consultation des travaux préparatoires d'une loi, la lecture de l'exposé des motifs d'un texte, se révèle souvent nécessaire. Si ces textes ne sont pas suffisamment significatifs, il est encore possible de prendre appui soit sur des textes se référant à celui qu'il convient d'interpréter, soit sur l'état du droit antérieur dont on peut présumer, en cas de doute, qu'il aura été naturellement reconduit par le législateur actuel.

Enfin, en l'absence de texte précédant et éclairant celui à interpréter, l'interprète pourra se servir de procédés psychologiques et logiques. D'une part, il pourra soupeser les conséquences du texte pour exclure celles que le législateur n'aurait très probablement jamais souhaitées ou envisagées. D'autre part, il pourra mettre en œuvre le procédé d'induction et de déduction : à partir des solutions particulières données par le législateur dans un certain nombre de cas sera induit un principe général qui, une fois dégagé, pourra faire l'objet de nouvelles applications particulières.

Si elle connut un succès certain, cette méthode montra néanmoins ses limites.

D'une part, elle est tenue en échec par l'adage « *Cessante ratione legis, cessat ejus dispositio* » : une loi ne doit pas être appliquée à des cas qui, à la lettre, paraissent inclus dans ses dispositions, mais qui contredisent son esprit. Ainsi admet-on qu'en dépit de la généralité des termes de l'article 1258 du Code civil du 26 juillet 2019, la prescription extinctive des actions réelles et personnelles ne s'applique pas au couple dont l'action est considérée comme imprescriptible.

D'autre part, cette méthode, centrée sur la recherche de la volonté présumée de l'auteur originel de la règle, présente le danger d'être artificielle, voire divinatoire, notamment lorsque le texte est ancien, car l'auteur de l'époque ne pouvait de toute façon pas envisager les cas nouveaux inexistants et imprévisibles au moment où il adoptait le texte.

Une méthodologie reposant essentiellement sur ce que l'auteur du texte a réellement voulu dire, envisager, anticiper, soupeser est donc fragile. C'est la raison pour laquelle la méthode téléologique fut également proposée.

B- LA MÉTHODE CRÉATRICE

Cette méthode est principalement attribuée à François Gény. En 1889, il publie un ouvrage qui fonde, en réaction aux défauts de la méthode exégétique, l'École de la libre recherche scientifique : *Méthode d'interprétation et sources en droit privé positif*. Dans cet ouvrage, l'auteur propose une méthode ouvertement créatrice qui autorise l'interprète à prendre certaines libertés par rapport au texte *stricto sensu*, l'essentiel étant de proposer, à partir du texte, une solution adaptée aux besoins du moment.

Il s'agit d'une évolution sans révolution : la recherche de la volonté de l'auteur du texte demeure inchangée. Simplement, cette recherche doit conduire à rechercher quelle serait son intention s'il avait à légiférer aujourd'hui. Concrètement, lorsque le texte manque de clarté, son interprète est autorisé à l'adapter aux circonstances et nécessités actuelles. Un même texte pourra donc recevoir des sens différents selon le moment de son application, et même éventuellement un sens opposé à son sens littéral.

Lorsque la situation envisagée est parfaitement nouvelle, l'interprète, principalement le juge, à même le droit de créer une règle à partir du texte lui-même, empruntant ainsi à la figure du législateur, tout en étant autorisé à tenir compte de considérations d'opportunité, d'équité.

Libre, cette création normative est néanmoins scientifique, dans la mesure où l'élaboration de la règle créée à partir du texte doit reposer sur des données rationnelles, historiques, économiques ou sociales. Dans ce cadre, le travail de l'interprète consiste finalement à apprécier les conséquences de son interprétation, et même son opportunité, sur la base de données non plus seulement économiques et sociales, mais également philosophiques, morales, religieuses, etc.

On parle aussi parfois, en référence à Saleilles qui a rédigé la préface de l'ouvrage, d'École historique ou évolutive. Cette méthode, proche de celle de Gény, met l'accent sur la nécessité d'adapter le texte aux réalités et aux nécessités sociales de l'époque. En revanche, elle offre moins de liberté avec les textes, l'interprète étant tenu de rechercher ce que serait la volonté de l'auteur du texte s'il avait à l'adopter aujourd'hui.

Ainsi, à l'ère du machinisme, le principe général de responsabilité du fait des choses a été dégagé par le juge à partir de l'article **1135** alinéa du code civil pour indemniser les victimes d'accidents causés par des choses et animaux.

Il importe de rappeler un principe du droit que l'ancien Code civil guinéen adopté sous le numéro Loi 004/APN/83/ du 16 février 1983 et promulgué par le décret n°149/PRG/22/83 du 29 mars 1983 que le nouveau Code civil promulgué le 26 juillet 2019 a omis ; il s'agit de : « *En fait de meubles, la possession vaut titre* », s'il n'incluait à l'origine que les meubles meublants a dû par la suite intégrer en son sein les meubles que constituent les valeurs mobilières, nées après l'édiction du Code civil.

En définitive, il convient de retenir que l'existence de cette panoplie de méthodes est un about dès lors qu'elles peuvent coexister. Aucune n'a l'exclusivité d'une autre, à ce titre, aucune méthode ne s'impose au juge. En revanche, chacune exerce une influence, variable, sur son pouvoir créateur, la méthode exégétique étant, sur ce point, la plus restrictive.

C- LA MÉTHODE CONTEXTUELLE

Cette méthode d'interprétation des textes de loi est d'inspiration du système anglo-saxon. *Développé par approach par Mélanie Samson et Catheryne Bélanger.*

Il convient de rappeler que la notion de contexte un élément factuel dans l'analyse des textes de loi donc de la langue du législateur. Une formule ancienne retient que le sens d'un mot ou d'une phrase dépend du contexte dans lequel il se trouve.

La méthode d'interprétation contextuelle repose sur cette idée. Elle postule que le sens d'une disposition législative se révèle à la lumière de son contexte.

L'utilisation d'éléments de contexte dans l'interprétation des textes de loi n'est pas une idée nouvelle, « depuis longtemps déjà, il est accepté que l'interprétation d'une disposition exige la considération de la loi dans son ensemble, de l'historique législatif, des lois connexes et, dans certains cas, de normes constitutionnelles »[8] .

Le contexte est une notion large, qui a plusieurs facettes. L'interprète peut considérer des éléments internes à la loi telle que le texte de la disposition et l'économie de la loi dans son ensemble, mais aussi des éléments qui lui sont extérieurs8 tels que les autres lois ou des données de sciences sociales[9] .

Par ailleurs, on peut reprendre la Cour suprême du Canada qui, à plusieurs reprises, a souligné l'interprétation du texte de loi doit tenir compte de ses « contextes linguistique, philosophique, historique, social, politique, économique, scientifique et technologique.

Il faudra ajouter que l'interprétation peut tenir compte du contexte national ou international pendant l'élaboration du texte.

L'approche contextuelle est inhérente à toute forme d'interprétation juridique et qu'elle va de pair avec les différents procédés d'interprétation.

Ainsi, le contexte légal est pris en compte par la méthode systématique, le contexte historique par la méthode historique, le contexte linguistique par la méthode littérale. Quant aux éléments se rapportant aux autres facettes du contexte (social, économique, technologique, etc.), ils peuvent être considérés en application des méthodes

---

[8] Mélanie SAMSON « L'interprétation de la Charte canadienne », JurisClasseur Québec, coll. « Droit constitutionnel », L'interprétation en droit constitutionnel, fasc. 2, Montréal, LexisNexis Canada, à jour au 1er janvier 2016, no 22 (LN/QL). Voir aussi : D. PINARD, id. ; R. c. Big M Drug Mart Ltd., [1985] 1 R.C.S. 295, 344 ; Edmonton Journal c. Alberta (Procureur général), [1989] 2 R.C.S. 1326, 1352-1356.

[9] Chaire de rédaction juridique Louis-Philippe-Pigeon, « La méthode contextuelle » par Mélanie Samson et Catheryne Bélanger, 21 décembre 2017, en ligne.

pragmatique et téléologique. La méthode contextuelle fait l'objet de critiques et de débats, notamment quant à la nécessité ou non de mettre en preuve les éléments qui relèvent du contexte externe au droit[10].

D- LA MÉTHODE HISTORIQUE OU PSYCHOLOGIQUE

L'originalisme, les arguments historiques[11]

La méthode historique ou psychologique puise sa teneur dans des arguments historiques qui voudrait que l'on donne aux dispositions interprétées le sens correspondant à l'intention du législateur au moment de son adoption. La méthode est dite « psychologique » parce que l'interprète tente de recréer l'état d'esprit dans lequel la loi a été adoptée. Je conseille souvent aux étudiants de lire le texte de loi, à Poule boire. L'interprète se substitue au législateur en s'intéressant au contexte qui a entouré l'adoption de la loi, tant d'un point de vue sociohistorique que juridique.

En application de la méthode historique ou psychologique, l'interprète prendra en considération divers éléments de fait ou de droit présumés connus du législateur[12] tels que le contexte social et les événements historiques contemporains à l'adoption de la loi.

Il pourra aussi tenir compte de l'état antérieur du droit et de l'historique de la loi3, y compris le texte que la disposition interprétée a remplacé, modifié ou abrogé et, s'il y a lieu, le texte de législation étrangère dont elle s'inspire.

---

[10] D. PINARD, préc., note 3, 356-359 ; R. SULLIVAN, préc., note 8, n os 22.17-22.25, p. 652-656.

[11] Cette méthode d'interprétation se doit à **Mélanie Samson et Catheryne Bélanger.**

[12] Pierre-André CÔTÉ avec la collab. de Stéphane BEAULAC et Mathieu DEVINAT, Interprétation des lois, 4e éd., Montréal, Thémis, 2009, no 1549, p. 491.

Il importe de préciser qu'en outre, pour la méthode historique, l'interprète peut faire recours aux travaux préparatoires sinon à l'exposé de motifs de la loi. Ceux-ci incluent les débats parlementaires, mais aussi les différents documents liés à l'élaboration et au développement du projet ou propositions de loi tels que les rapports de commission, les documents de politique gouvernementale et les rapports de recherche relatifs au projet de loi.

Aussi, il doit prêter une attention particulière aux dispositions à interpréter lorsqu'elles ont été remplacées, modifiées ou abrogées et, s'il y a lieu, le texte de législation étrangère dont elle s'inspire.

Toutefois, il y a lieu de conseiller que les débats parlementaires entourant l'adoption d'une loi soient à lire avec réserve puisqu'ils ne constituent pas toujours une source fidèle de l'intention du législateur, et ce, dans le même esprit que le juge de cassation de Québec.

L'intention du législateur ne correspond pas nécessairement aux propos tenus par les ministres et députés pendant le processus, parfois très politique et partisan, d'adoption d'un projet de loi.

En définitive, la méthode historique s'expose à bien des critiques dès lors qu'il est difficile de découvrir l'intention du législateur d'origine, particulièrement lorsque la loi est très ancienne. Aussi, le recours à cette méthode a pour effet de figer le sens de la loi dans le temps, au moment de son adoption, d'où le risque que la loi devienne obsolète. D'ailleurs, puisque la portée des lois constitutionnelles doit pouvoir évoluer en dépit du formalisme qui entoure la modification de leur texte, la méthode historique devrait, en cette matière, faire l'objet d'une application tout particulièrement prudente.

E- LA MÉTHODE LITTÉRALE OU GRAMMATICALE

Les arguments de texte

La méthode littérale ou grammaticale est la fille des arguments du texte qui s'intéresse particulièrement à l'interprétation censée refléter fidèlement la pensée de son auteur. Le recours à cette méthode consiste à dégager l'intention du législateur par une étude minutieuse des termes employés et de leur agencement syntaxique. La méthode littérale ou grammaticale postule que le législateur connaît les règles du langage et qu'il les emploie de manière adéquate[13] . En application de cette méthode, il convient d'attribuer aux mots le sens qui leur était couramment donné au moment de l'adoption de la loi dans les langages ou jargon en droit positif. Par ailleurs, il ne faut pas ajouter des mots à la loi ni en retrancher. La méthode littérale ou grammaticale implique de donner effet à chacun des mots utilisés par le législateur. Elle est ainsi intimement liée à la présomption de l'effet utile. Bien qu'une étude du texte soit généralement considérée comme le point de départ de l'interprétation de la loi, les tribunaux et la doctrine tendent à reconnaître qu'une approche purement littérale est peu appropriée, surtout au moment d'interpréter une loi constitutionnelle ou quasi constitutionnelle ou un code civil ou encore, la loi financière. Dans les domaines fiscal et pénal[14], le recours à cette méthode demeure toutefois fréquent.

Notons qu'il ne faut pas confondre la méthode littérale ou grammaticale avec le principe du sens clair, aussi parfois désigné comme la « règle de l'interprétation littérale ». Selon ce principe, si le texte est clair, il ne requiert pas

---

[13] Pierre-André CÔTÉ avec la collab. de Stéphane BEAULAC et Mathieu DEVINAT, Interprétation des lois, 4e éd., Montréal, Thémis, 2009, no 983, p. 295.

[14] Sur cette question, voir notamment : Louis LEBEL, « La méthode d'interprétation moderne : le juge devant lui-même et en lui-même », dans Interpretatio non cessat : Mélanges en l'honneur de / Essays in honour of Pierre-André Côté, Cowansville, Éditions Yvon Blais, 2011, p. 103, à la page 109.

d'interprétation. La méthode littérale est plus nuancée ; elle ne nie pas que l'interprétation de la loi soit nécessaire et, tout en insistant sur la lettre de la loi, elle reconnaît que le texte n'est pas le seul élément qui doit être pris en considération dans l'interprétation.

Toutefois, l'interprétation littérale est en outre appelée l'interprétation « sémiotique ». C'est donc d'abord une lecture attentive du texte. On tente de comprendre le texte lui-même en précisant le sens des termes. On analyse la place des mots dans la phrase, la structure de cette phrase, la ponctuation afin d'en retirer la signification. On postule donc que le texte exprime exactement la pensée du législateur. On part du principe que ce législateur a employé les formules traduisant fidèlement sa pensée.

En somme, c'est une interprétation grammaticale, en utilisant les règles habituelles de la langue, de la syntaxe.

Donc l'usage d'un mot ou d'un autre, d'une conjonction ou d'une autre, le temps d'un verbe, la formulation affirmative ou négative d'une phrase sont des indices essentiels.

• Ainsi, en droit on sait l'importance des verbes devoir ou pouvoir : le premier implique une obligation, le second une faculté

• La conjonction « ou » signifie une alternative, un choix alors que la conjonction « et » représente un cumul.

• L'usage du présent de l'indicatif ou du futur a son importance : le futur a un caractère spécialement impératif... On pourrait multiplier les exemples (ainsi il est bon que le juriste maitrise la langue, sa syntaxe...). On mesure alors l'importance de la détermination du sens des mots. Ce qui pose la question d'un vocabulaire qui pourrait ne pas être emprunté qu'au seul langage courant, mais pourrait relever d'un vocabulaire spécifiquement juridique et donc technique (Jargon). La précision et la sécurité impliquent en effet souvent l'emploi de vocables particuliers comme on aura l'occasion de le vérifier en étudiant par la suite le langage juridique.

F- LA MÉTHODE PRAGMATIQUE

Les arguments pragmatiques,

La méthode pragmatique s'inspirant des arguments pragmatiques s'intéresse aux conséquences de chacune des interprétations possibles de la loi. Elle repose sur une conception pratique et dynamique de l'interprétation des lois.

L'objectif n'est pas tant de découvrir l'intention du législateur que d'apporter une solution appropriée au litige qui donne lieu à l'interprétation de la loi. L'interprète doit retenir une interprétation conduisant à un résultat juste et raisonnable. À l'inverse, il lui faut éviter de donner à la loi un sens qui produise des effets absurdes, ridicules, futiles, déraisonnables, inéquitables ou illogiques.

Elle commande de retenir le sens grammatical et ordinaire des mots ''à moins que cela n'entraîne quelques absurdités, contradictions ou incompatibilités eu égard au reste du texte''. Dans ce cas, l'interprète est autorisé à modifier le sens grammatical et ordinaire des mots de façon à éviter cette absurdité ou incompatibilité, mais uniquement dans cette mesure.

De nos jours, plusieurs présomptions employées en matière d'interprétation des lois se rattachent à la méthode pragmatique, notamment la présomption de rationalité du législateur, la présomption d'interprétation favorable à l'accusé en matière pénale et la présomption d'interprétation favorable au contribuable en matière fiscale. De façon générale, le législateur est présumé avoir eu pour intention que la loi produise des effets raisonnables et justes.

À titre d'exemple, il serait absurde d'interpréter à la lettre une disposition interdisant aux passagers « de descendre des trains ailleurs que dans les gares et lorsque le train est complètement arrêté[15].»

De même, il serait « inopportun » qu'en vertu d'une interprétation littérale de la loi, une partie à un litige soit condamnée à défrayer elle-même une portion du montant auquel elle a droit. Il serait aussi illogique qu'un traitement différent soit, sans raison valable, imposé à des personnes placées dans des situations similaires.

Certains reprochent à la méthode d'interprétation pragmatique de laisser libre cours à la subjectivité du juge et de conduire à des résultats imprévisibles. Il est vrai que l'analyse des « effets favorables ou défavorables d'une loi » implique de « poser un jugement de valeur » et que le jugement posé par l'interprète dépend nécessairement de sa conception personnelle de ce qui est raisonnable et juste. Cela dit, il serait exagéré de penser que l'interprétation pragmatique de la loi repose uniquement sur une perception subjective de l'interprète. Son appréciation du juste et du raisonnable est guidée par le contexte juridique et le contexte de valeurs dans lesquels prend naissance le litige et s'inscrit la loi interprétée.

G- LA MÉTHODE SYSTÉMATIQUE

Les arguments de cohérence, la méthode systémique

La méthode systématique, encore appelée méthode systémique ou encore argument de cohérence, repose sur l'idée logique ou de cohérence de la loi, laquelle implique d'interpréter de toute loi en tenant compte de l'ensemble de ses parties.

Cette méthode d'interprétation de la loi est par ailleurs inscrite dans la loi d'interprétation québécoise : « les dispositions d'une loi s'interprètent les unes par les autres en

---

[15] Décret du 11 novembre 1917 sur la police, la sûreté, l'exploitation des voies ferrées d'intérêt local et d'intérêt général, J.O. 18 novembre 1917, p. 9256, art. 78.

donnant à chacune le sens qui résulte de l'ensemble et qui lui donne effet[16]. »

La méthode systématique conçoit la loi comme étant un système où chaque élément contribue au sens de l'ensemble et l'ensemble, au sens de chacun des éléments. Dès lors, l'interprète doit chercher à éviter, dans la mesure du possible, l'incohérence ou la contradiction entre les éléments ou les parties de la loi. Cette méthode invite à prendre en considération chaque élément de la loi, tel que le préambule, le titre, les sous-titres, les autres dispositions et les annexes. Elle implique aussi d'interpréter la loi de façon à ce que chacune de ses dispositions produise un effet. L'interprétation systématique reconnaît également la cohérence du système juridique. Elle vise à maintenir l'harmonie entre la loi interprétée et les autres lois ayant un rapport.

L'interprète des lois doit tendre à leur intégration en un système cohérent plutôt qu'à leur morcellement et à leur discontinuité. Il convient alors d'accorder une attention particulière afin de préserver la cohérence des lois qui portent sur un même sujet. À titre de droit commun, le Code civil est susceptible de jouer un rôle dans l'interprétation systématique des autres lois applicables en Guinée. En agissant comme toile de fond, il contribue à maintenir la cohérence à l'intérieur du système juridique.

Aussi, l'argument systématique : c'est l'idée que l'ordre juridique est un système cohérent, qui se tient, et donc on ne peut qu'interpréter chaque élément qu'en fonction de son contexte, du système dans lequel il se trouve.

L'argument apagogique, c'est-à-dire le raisonnement par l'absurde : on fait comprendre l'inexactitude d'une solution en mettant en avant, en soulignant les conséquences absurdes qui en résulteraient. Bien sûr d'autres arguments,

---

[16] Loi d'interprétation, RLRQ, c. I-16, art. 41. Par analogie, en matière d'interprétation des contrats, voir : art. 1427 C.c.Q.

extérieurs aux références strictement juridiques, peuvent être utilisés notamment quand ils invoquent un objectif social, juridique, politique... L'un des objets finalement essentiels du raisonnement juridique reste l'interprétation du texte de droit dès l'instant où le droit positif est devenu un droit presque totalement écrit.

H- LA MÉTHODE TÉLÉOLOGIQUE

La méthode téléologique peut aussi être appelée **l'interprétation finaliste ou les arguments de finalité** qui consiste alors à interpréter la loi en fonction de son but, son objet ou sa finalité[17] . Dans un premier temps, l'interprète doit identifier l'objet ou la finalité de la loi, et ce, à la lumière de son texte et du contexte global. Dans un deuxième temps, il lui faut interpréter la loi de façon à permettre la pleine réalisation de cet objet.

Il faut rappeler que l'idée qu'une loi doive être interprétée en fonction du problème auquel elle est censée apporter une solution remonte au 16e siècle. Pendant longtemps, cependant, les tribunaux ont donné préséance au texte de la loi plutôt qu'aux objectifs poursuivis par l'auteur du texte. La conception moderne de l'interprétation des lois tend maintenant à établir un équilibre entre le respect de la lettre de la loi et la réalisation des objectifs qui lui sont sous-jacents.

Tout texte est censé apporter une solution de droit et s'interprète de la manière la plus équitable et la plus large qui soit compatible avec la réalisation de son objet. Autrement, toute disposition d'une loi est réputée avoir pour objet de reconnaître des droits, d'imposer des obligations ou de favoriser l'exercice des droits, ou encore

---

[17] Pierre-André CÔTÉ avec la collab. de Stéphane BEAULAC et Mathieu DEVINAT, Interprétation des lois, 4e éd., Montréal, Thémis, 2009, no 1401, p. 441; Luc B. TREMBLAY, « L'interprétation téléologique des droits constitutionnels », (1995) 29 R.J.T. 459, 462.

de remédier à quelques abus ou de procurer quelques avantages.

L'interprétation de la loi doit être généreuse et souple de façon à permettre la réalisation de son objet, sans toutefois en excéder la portée. Par exemple, en recourant à la méthode téléologique pour interpréter la notion de « handicap », en tant que motif interdit de discrimination mentionné à l'article 15 de la Charte de la Transition du 27 septembre 2021, de la République de la Guinée l'on peut dire dans l'interprétation que ce concept recoupe à la fois les anomalies physiques qui entraînent une limitation fonctionnelle et celles qui n'en occasionnent aucune. Une définition aussi large de la notion de handicap est nécessaire pour atteindre l'objectif par cette disposition qui est de mettre fin à l'exclusion arbitraire de la personne handicapée sur la base d'idées préconçues. À l'inverse, un rhume ne saurait être considéré comme un handicap au sens dudit article 15 puisqu'il n'existe pas de préjugés négatifs à l'égard des gens qui souffrent de cette affection.

Par ailleurs, selon la méthode téléologique, l'intention de l'auteur continue d'être recherchée, elle l'est de façon plus ouverte et libre que la méthode précédente. Pour tenir de la limite précédemment évoquée tirée de la référence à ce que l'auteur de la règle n'avait pu envisager des cas inenvisageables à l'époque de sa rédaction, il convient d'adopter une conception plus large de l'intention de l'auteur, en se référant non plus à ce qu'il avait effectivement à l'esprit, mais à l'objectif qu'il poursuivait en posant la règle, son but. Cette méthode laisse naturellement plus de liberté à l'interprète que la méthode exégétique, ne serait-ce que parce que l'interprète dispose en général d'une certaine latitude pour définir ce but, et donc le résultat auquel va conduire l'interprétation. La recherche est centrée sur la finalité de la règle, son but social. L'esprit du texte domine sa lettre. On explique un texte par ses objectifs à l'aune des finalités générales et actuelles recherchées par le corps de règles dans lequel il s'insère.

I- LA PRÉSOMPTION DE CONFORMITÉ A LA CONSTITUTION

La présomption de conformité des lois à la Constitution ou la présomption de constitutionnalité des lois est un procédé d'interprétation visant à préserver la validité et l'effet utile des lois. En application de cette présomption, il convient de privilégier une interprétation de la loi qui permette de la concilier avec la loi constitutionnelle et quasi constitutionnelle qui lui sont hiérarchiquement supérieures.

Il importe de savoir que cette technique voudrait que lorsqu'une disposition de la loi, notamment les lois ordinaires est susceptible de recevoir deux interprétations, il faut opter pour celle qui en confirme la constitutionnalité.

J- LA PRÉSOMPTION DU SENS COURANT DES MOTS

La présomption du sens courant des mots, aussi nommée la présomption du sens ordinaire des mots, est la méthode selon laquelle le législateur est présumé utiliser des mots de la langue courante et employer ceux-ci dans leur sens ordinaire. En d'autres termes, « il faut présumer que le législateur entend les mots dans le même sens que le justiciable, que "monsieur ou madame Tout-le-Monde"[18] ». Il est donc approprié pour l'interprète de recourir à un dictionnaire linguistique ou de la langue courante pour déterminer le sens d'un mot dans une loi. Les tribunaux le font d'ailleurs fréquemment.

Toutefois, l'usage du dictionnaire exige certaines précautions. D'une part, le dictionnaire choisi doit

---

[18] Pierre-André CÔTÉ avec la collab. de Stéphane BEAULAC et Mathieu DEVINAT, Interprétation des lois, 4e éd., Montréal, Thémis, 2009, no 996, p. 300.

correspondre à la communauté linguistique visée. D'autre part, il faut tenir compte du contexte dans lequel se trouve le mot et ne pas s'en remettre aveuglément à la définition donnée par le dictionnaire. Celui-ci n'est qu'un outil pour dégager le sens courant des mots.

Au moyen d'une définition législative, le législateur peut écarter la présomption du sens courant des mots en indiquant qu'aux fins de la loi un mot doit recevoir un sens autre. La présomption du sens courant des mots peut également être mise de côté implicitement.

De fait, le contexte peut dicter à l'interprète de donner à un mot un sens juridique ou technique différent de son sens courant. Finalement, le recours à la présomption du sens courant des mots est d'autant plus délicat que « le sens ordinaire peut lui-même varier compte tenu du contexte, du sujet traité par la loi ou des personnes auxquelles la loi s'adresse[19]. »

Certains mots n'ont qu'une seule signification et celle-ci a un caractère technique ou scientifique. Dans ce cas, il convient d'attribuer au mot son sens technique ou scientifique. Par contre, dès lors qu'un mot possède à la fois un sens ordinaire et un sens technique ou scientifique, c'est le sens ordinaire qui sera préféré, en raison de la présomption du sens courant des mots.

K- LA PRÉSOMPTION DE L'EFFET UTILE

La présomption de l'effet utile découle de l'adage populaire selon lequel « le législateur ne parle pas pour rien dire[20]. »

La Guinée ne disposant pas d'un code spécial d'interprétation des textes de loi, l'on a trouvé mieux ailleurs, c'est le cas du Québec, où cette présomption est en partie enchâssée dans l'article 41.1 de la Loi

---

[19] Lucie LAUZIÈRE, « Le sens ordinaire des mots comme règle d'interprétation », (1987) 28 C. de D. 367, 382.

[20] Par Mélanie Samson et Marianne Perreault.

d'interprétation : « Les dispositions d'une loi s'interprètent les unes par les autres en donnant à chacune le sens qui résulte de l'ensemble et qui lui donne effet[21] »

La présomption de l'effet utile trouve aussi son application dans l'interprétation des contrats. Encore, les dispositions de l'article 1428 du Code civil du Québec prévoient qu'« une clause s'entend dans le sens qui lui confère quelques effets plutôt que dans celui qui n'en produit aucun[22]. »

L'interprète de la loi doit considérer que chaque article, chaque paragraphe, chaque alinéa, chaque phrase, chaque mot et chaque signe de ponctuation ont une raison d'être. Les lois sont présumées ne comporter aucune redondance ni aucun élément superflu. Par conséquent, il convient d'éviter une interprétation qui priverait d'effet utile une composante de la loi[23].

À cette présomption contre la suppression d'un ou plusieurs éléments de la loi correspond, par ailleurs, une autre présomption selon laquelle l'interprète ne doit rien ajouter au texte de la loi. La présomption de l'effet utile peut être repoussée en démontrant que certains termes de la loi sont redondants ou superflus. Le législateur s'exprime parfois avec plus de mots que nécessaires pour faciliter la compréhension d'une disposition ou mettre l'emphase sur un terme en particulier. La présence de termes superflus résulte aussi parfois de son inadvertance.

---

[21] Loi d'interprétation, RLRQ, c. I-16, art. 41.1.

[22] Code civil du Québec (RLRQ); François GENDRON, L'interprétation des contrats, 2e éd., Montréal, Wilson & Lafleur, 2016, p. 103-104.

[23] Pierre-André CÔTÉ avec la collaboration de Stéphane BEAULAC et Mathieu DEVINAT, Interprétation des lois, 4e éd., Montréal, Thémis, 2009, nos 1047-1050, p. 318-320; Stéphane BEAULAC et Frédéric BÉRARD, Précis d'interprétation législative, 2e éd., Montréal, LexisNexis, 2014, p. 100-101. Voir aussi : Subilomar Properties c. Cloverdale, [1973] R.C.S. 596, 603.

En gros, si le législateur ne parle pour ne rien dire, il n'est cependant pas infaillible. La présomption de validité des lois est associée à celle de l'effet utile. Entre deux interprétations possibles, l'interprète doit privilégier celle qui permet de maintenir la validité de la loi, par opposition à celle qui l'invaliderait.

L- LA PRÉSOMPTION DE RATIONALITÉ DU LÉGISLATEUR

Postulat de rationalité du législateur[24]

La présomption de rationalité du législateur entend éviter que l'interprétation de la loi donne lieu à une absurdité. Elle renvoie à deux idées distinctes, mais souvent confondues : le raisonnable et le rational[25]. Dans son premier volet, la présomption de rationalité du législateur s'intéresse aux effets de la loi, s'inscrivant ainsi dans une conception pragmatique de l'interprétation des lois. Elle suggère à l'interprète de la loi de privilégier une interprétation menant à un résultat raisonnable, même s'il faut pour cela s'éloigner du sens littéral des mots.

Le législateur est présumé ne pas avoir eu l'intention que la loi produise des conséquences déraisonnables, ridicules, inéquitables ou injustes[26]. À titre d'exemple, une interprétation pourrait être considérée comme absurde s'il en résulte un traitement différent pour des personnes qui se trouvent pourtant dans une même situation. De même, il

---

[24] Par la professeure Mélanie Samson et Me Dominique Boulanger

[25] Au sujet de la distinction entre raisonnable et rationnel, voir : Marc ANGENOT, Le rationnel et le raisonnable : sur un distinguo de Chaïm Perelman, Montréal, Discours social, 2012.

[26] Paul c. La Reine, [1982] 1 R.C.S. 621, 664; Ontario c. Canadien Pacifique, [1995] 2 R.C.S. 1031, par. 65; Rizzo & Rizzo Shoes Ltd. (Re), [1998] 1 R.C.S. 27, par. 27, New Brunswick v. Estabrooks Pontiac Buick Ltd., 1982 CanLII 3042 (NB CA), par. 22; Richard TREMBLAY, L'essentiel de l'interprétation des lois, Cowansville, Éditions Yvon Blais, 2014, p. 20 ; Stéphane BEAULAC et Frédéric BÉRARD, Précis d'interprétation législative,

serait absurde qu'une infraction entraîne une peine plus sévère que celle associée à une infraction pourtant plus grave.

La seconde dimension de la présomption de rationalité du législateur, s'intéresse à la présomption de la cohérence du système juridique. Le législateur étant doté d'une pensée logique, l'on présume qu'il évite de se contredire et, de façon plus générale, que ses interventions s'inscrivent dans une forme de continuité. Ainsi, il convient d'interpréter la loi de façon que ses dispositions soient cohérentes entre elles et avec celles des autres lois, particulièrement celles portant sur le même sujet. La cohérence doit aussi être recherchée sur le plan vertical : une loi est présumée conforme à la Constitution, tout comme un règlement est présumé conforme à sa loi habilitante.

Dans son second volet, la présomption de rationalité fait donc « référence à la cohérence de la législation, vue comme un tout logique, harmonieux, ordonné, et invite l'interprète à choisir, lorsque plusieurs interprétations sont possibles, celle qui préserve le plus cette cohérence[27] ». En ce sens, elle rejoint la méthode d'interprétation systématique et logique.

La présomption de rationalité du législateur est aussi liée à la méthode d'interprétation téléologique ; l'interprétation harmonieuse des dispositions des textes de loi doit tendre à la réalisation de leur objectif commun : « *The parts are presumed to fit together logically to form a rational, internally consistent framework; and because the framework has a purpose, the parts are also presumed to work together dynamically, each contributing something toward accomplishing the intended goal.* »

---

[27] Lucie LAUZIÈRE, L'interprétation des lois, Chaire de rédaction juridique Louis-Philippe-Pigeon, Université Laval, 2012, p. 16; P.-A. CÔTÉ avec la collab. de S. BEAULAC et M. DEVINAT, préc., note 2, n o 1150, p. 351.

PARAGRAPHE II : LE RAISONNEMENT PAR ANALOGIE

A- L'argument a pari[28]

Le raisonnement par analogie aussi nommé l'argument a pari repose sur l'idée que des situations similaires devraient être traitées de la même façon. Dans l'interprétation des lois, il est employé pour étendre l'application d'une norme législative à une situation qui ressemble à celle visée expressément par la loi. Son utilisation peut être utile pour prévenir un vide juridique ou assurer la cohérence du droit. L'extension du champ d'application d'une disposition législative par analogie doit respecter l'objectif poursuivi par la loi ; c'est au regard de la raison d'être de la loi qu'une situation sera jugée suffisamment similaire à celle prévue pour y être assimilée et recevoir le même traitement juridique[29]. Quoique présent dans tous les systèmes juridiques, le raisonnement par analogie est plus fréquemment utilisé en droit civil[30]. Par nature, un Code civil prétend à la complétude et à la permanence ; il doit pouvoir offrir une solution pratique, quelle que soit la situation qui se présente. Pour ce faire, il est parfois nécessaire de généraliser à partir des principes qu'il énonce. En affirmant qu'il constitue le droit commun, les dispositions préliminaires du Code civil de certains pays invitent à une interprétation libérale et évolutive de ses dispositions, notamment par le recours au raisonnement par analogie :

Droit commun et non-droit d'exception, le droit qu'édicte le Code civil est d'interprétation large et, comme

---

28 Par Mélanie Samson et Marianne Perreault.

29 Jean-Louis BERGEL, Méthodologie juridique, 2e éd., Paris, PUF, 2016, p. 263; Bruno PETIT, Introduction générale au droit, 7e éd., Grenoble, Presses universitaires de Grenoble, 2008, p. 61.

30 Charlotte LEMIEUX, « Éléments d'interprétation en droit civil », (1993-94) 24 R.D.U.S. 221

l'a exprimé le juge Pratte, « une interprétation littérale et rigoriste des textes [...], si elle peut être acceptable en droit fiscal, n'a certes pas sa place en matière de droit civil ». Droit commun, le Code civil s'interprète de façon large plutôt qu'étroite ; on peut raisonner par analogie à partir des principes qu'il expose ; le juge peut favoriser une approche évolutive et dynamique des textes plutôt qu'une approche statique.

Parfois, le tribunal raisonnera par analogie à partir d'une interprétation jurisprudentielle antérieure.

En outre, **le raisonnement logique**

En cas de difficulté d'interprétation, l'interprète aura recours à la logique en faisant appel à plusieurs types de raisonnement : le raisonnement *a pari* ou par analogie, le raisonnement *a contrario*, enfin, le raisonnement *a fortiori*.

Le raisonnement *a pari* (par analogie)

Par ce raisonnement, on étend à ce que la loi a prévu pour une situation donnée à des situations semblables, mais non prévues. Il est en effet logique de déduire l'inconnu du connu, dès lors que les situations en cause se révèlent identiques. C'est l'argument de la *ratio legis* : la raison d'être de la règle se retrouvant dans l'hypothèse pour laquelle on envisage une application de la règle, l'argument d'analogie se justifie. Par exemple, une règle interdite de se promener torse nu en ville. *A pari*, il est interdit de se promener entièrement nu en ville. Autre exemple, un film est présenté comme étant interdit aux adolescents de moins de 17 ans. *A pari*, il est interdit de le diffuser aux enfants.

B- Le raisonnement a contrario

La règle interprétée *a contrario* suppose de retenir l'inverse de ce que cette règle prévoit, dès lors que les conditions de son application ne sont pas remplies. En cas d'interprétation *a contrario*, on considère que lorsque le texte dit quelque chose, il est censé nier le contraire (*qui dicit de uno negat de altero*). Quand un objet est inclus dans une règle de droit, son contraire en est exclu (*inclusione unius fit exclusione alterius*).

Cet exemple montre que le raisonnement *a contrario* trouve essentiellement à s'appliquer dans les cas où la règle à interpréter pose une interdiction ou contient une exception, les deux pouvant d'ailleurs se confondre dès lors que dans une société libérale comme la nôtre, l'interdiction se présente toujours comme une exception. L'interprétation *a contrario* de la règle repose ainsi sur l'idée que tout ce qui n'est pas défendu est permis. Cette idée est d'ailleurs soutenue par la maxime d'interprétation « *exceptio est strictissimae interpretationis* » (les exceptions sont d'interprétation stricte), qui veut que les exceptions prévues par la loi soient étroitement enfermées dans les limites explicitement posées à son application : celles-ci ne doivent pas être étendues au-delà du cas expressément prévu par la loi. C'est la raison pour laquelle la doctrine traditionnelle ne reconnaît à l'argument *a contrario* un caractère concluant que s'il s'agit d'interpréter une règle exceptionnelle. En dehors de ces hypothèses, son application est plus hasardeuse.

C- Le raisonnement a fortiori

Ce dernier type de raisonnement permet d'étendre la règle à un cas non prévu par elle (identité sur ce point avec le raisonnement *a pari*) parce que la raison d'être de la règle se retrouve avec plus de force encore dans le cas non prévu par le texte. Exemples :

– il est interdit de blesser ; *a fortiori*, il est interdit de tuer ;

– un hôtel interdit de séjourner dans son établissement avec un animal domestique. *A fortiori*, il est interdit d'y séjourner en compagnie d'un animal sauvage.

La question qui se pose est de savoir comment choisir entre ces différents raisonnements. En vérité, il n'y a pas de règle absolue.

Choisir le raisonnement *a pari* revient à privilégier la ressemblance entre la situation envisagée et celle expressément prévue par la règle considérée.

Choisir le raisonnement *a fortiori* revient également à retenir cette proximité.

Choisir le raisonnement *a contrario* revient au contraire à tenir compte de la différence entre la situation envisagée et celle prévue par la règle.

Concrètement, le juge ou le juriste pourra choisir l'un ou l'autre de ces raisonnements en fonction des circonstances propres à l'espèce considérée. Cela étant, le maniement de ces différents raisonnements demande de la prudence et de l'habileté : en effet, **il arrive que pour une même situation, plusieurs types de raisonnements soient possibles**, et de surcroît, qu'ils conduisent à des solutions contraires. Reprenons le dernier exemple : un hôtel interdit de séjourner dans son établissement avec un animal domestique ; je décide d'y séjourner avec un animal sauvage ; en ai-je le droit ?

En théorie, le raisonnement *a contrario* comme le raisonnement *a fortiori* sont ici possible, mais en pratique, il va de soi que l'argument *a contrario*, qui autorise un client à séjourner dans l'hôtel avec son animal sauvage, convainc moins que l'argument *a fortiori*. Il est ici finalement question de bon sens. Mais dans d'autres hypothèses, le choix se révèle moins simple. Par exemple, si la loi interdit aux personnes sous tutelle de *vendre* seules les biens leur appartenant ; leur interdit-elle également de *donner* leurs biens ? Si l'argument *a contrario* commande une réponse négative, le raisonnement *a fortiori* n'emporte pas de conclusion évidente. Pour être sûr de la solution à apporter, il faudrait en fait identifier précisément la raison d'être de cette interdiction de contracter, pour déterminer si elle ne vaut que pour les contrats à titre onéreux, ou si elle doit également inclure les contrats gratuits en sorte de protéger au mieux l'incapable. Dans cette perspective, il convient finalement de rechercher l'intention du législateur.

D- LA RÈGLE EJUSDEM GENERIS

« La règle relative aux choses du même genre[31]. »

La règle ejusdem generis signifie que le terme générique ou collectif qui complète une énumération se restreint à des choses de même genre que celles qui sont énumérées, même si, de par sa nature, ce terme générique ou collectif, cette expression générale, est susceptible d'embrasser beaucoup plus[32]. Selon la jurisprudence, trois conditions doivent être réunies pour que s'applique la règle ejusdem generis[33] :

1) l'expression générale doit être précédée de plusieurs termes spécifiques ;

2) l'expression générale doit suivre et non précéder l'énumération ;

3) les termes spécifiques doivent avoir certaines caractéristiques significatives en commun. À titre d'illustration, en appliquant la règle ejusdem generis, il faudrait conclure qu'un lion n'est nullement pas un « animal » inclut dans l'énumération « pigeon, hirondelle, moineau et autres animaux » parce qu'il n'appartient pas à la même catégorie que les animaux mentionnés spécifiquement. La règle ejusdem generis doit être utilisée avec prudence ; elle a un caractère subsidiaire et est tenue de « s'effacer devant une manifestation d'intention

---

[31] Mélanie Samson et Catheryne Bélanger

[32] Renault c. Bell Asbestos Mines Ltd., [1980] C.A. 370, 372.

[33] Id., 399 et 400.

contraire[34]. » Certains procédés d'interprétation peuvent d'ailleurs lui être opposés, notamment ceux qui suggèrent une approche plus littérale[35].

E- LA « RÈGLE D'OR » (GOLDEN RULE)

PAR MELANIE SAMSON ET CATHERYNE BELANGER

La « règle d'or » ou Golden Rule est un principe d'interprétation hérité du droit anglais. Elle s'intéresse à la fois au texte de la disposition interprétée et aux conséquences possibles de l'interprétation. Elle prévoit que le sens courant des mots est à privilégier, mais qu'il faut aussi savoir s'en écarter pour éviter un résultat absurde. La formulation « officielle » de la Golden Rule provient d'un jugement anglais datant de 1857 : [...] en interprétant les testaments, et de fait les lois et tous les documents, il faut adhérer au sens grammatical et ordinaire des mots, à moins que cela n'entraîne quelque absurdité, contradiction ou incompatibilité eu égard au reste du texte ; dans ce dernier cas, on peut modifier le sens grammatical et ordinaire des mots de façon à éviter cette absurdité ou incompatibilité, mais uniquement dans cette mesure.

Il convient de mentionner que la référence à la règle d'or doit être faite avec beaucoup de précautions. Par contre, les notions de raisonnabilité et de cohérence sur lesquelles elle repose sont omniprésentes dans le processus d'interprétation des lois, notamment par le biais d'autres procédés d'interprétation tels que la présomption de rationalité du législateur et la méthode d'interprétation pragmatique.

---

[34] Pierre-André CÔTÉ avec la collab. de Stéphane BEAULAC et Mathieu DEVINAT, Interprétation des lois, 4e éd., Montréal, Thémis, 2009, no 1191, p. 365.

[35] Id., no 1192, p. 365 et 366.

F- L'ARGUMENTATION JURIDIQUE

En clair, le raisonnement juridique est-il un raisonnement dialectique (la dialectique, c'est l'art du dialogue, de la controverse) ?

Le juriste ne procède pas uniquement par des déductions contraignantes à partir de règles préétablies, mais pratique aussi la controverse, le débat. C'est dans la discussion qu'on trouve les argumentations permettant la justification, la critique, la réfutation.

Le débat juridictionnel l'illustre remarquablement puisque par hypothèse, des thèses s'affrontent dans cette enceinte. En effet, chacune des parties cherche à convaincre le juge qui devra les départager.

À ce niveau, de nouvelles interrogations. Quels sont alors les procédés de l'argumentation juridique ? Et d'abord, qu'est-ce au fond qu'un argument ?

L'argument, c'est une idée qui tend à justifier une autre sans suffire pourtant à l'imposer. On dit souvent qu'un argument n'est pas une preuve, mais ce qui en tient lieu quand les preuves font défaut (argumentum dérivé du verbe latin arguere signifiant convaincre, montrer chercher à prouver).

Parmi les arguments utilisables par le juriste, on a l'importance des arguments dits d'autorité : on invoque à l'appui d'une thèse une autorité, une source faisant autorité. Donc des arguments que l'on tire de la force obligatoire de la loi, des précédents judiciaires (la jurisprudence), des opinions de la doctrine (la solution est celle-ci puisque telle est la loi). Mais pour donc invoquer ces fameux arguments « d'autorité », le juriste doit qualifier les situations qu'il a à traiter pour les rapprocher ou les distinguer des notions et catégories connues. Et donc pour les soumettre ou les soustraire aux règles y afférentes, qui s'y rapportent. On utilisera notamment pour ce faire les arguments dits de raison donc basés sur l'usage de la raison.

• Les arguments par analogie (a pari), a fortiori, a contrario qu'on détaillera plus tard

• L'argument psychologique se réfère à l'intention du législateur que l'on met à jour en étudiant les travaux préparatoires.

• L'argument a completudine (de complétude) conclut que certaines personnes ou certains comportements obéissent à une règle générale concernant tous les cas qui ne sont pas réglés par des règles propres, spéciales, donc dans l'hypothèse où ils ne sont pas déjà visés par des dispositions spécifiques.

Pourquoi ? Parce que le droit est présumé complet et donc doit forcément comporter une règle générale concernant tous les cas qui ne sont pas réglés par des dispositions particulières.

• L'argument a coherentia (de cohérence) part du principe qu'un législateur raisonnable ne peut régler une même situation de deux façons incompatibles si ce n'est contradictoire et que donc, en cas d'incompatibilité de deux normes, il existe une autre règle qui permet d'écarter l'une d'entre elles. C'est bien un argument de cohérence.

G- LES PROCÉDÉS DE LOGIQUE DU RAISONNEMENT JURIDIQUE

RAISONNEMENT SYLLOGISTIQUE

Le syllogisme est un raisonnement qui contient 3 niveaux d'argumentaire dont la 3e, dite conclusion, est la conséquence des deux autres qu'on appelle prémisses, sachant qu'il existe une prémisse majeure et une prémisse mineure. Ainsi, pour prendre l'exemple le plus célèbre qui puisse vous faire comprendre ce qu'est un syllogisme (cf. Philosophie) :

• tous les hommes sont mortels (la prémisse majeure)
• or SOUMAH est un homme (la prémisse mineure)
• donc SOUMAH est mortel (la conclusion).

Si les prémisses sont vraies, la conclusion est irréfutable. Attention, en effet, des syllogismes peuvent se transformer en sophismes, c'est-à-dire un raisonnement faux malgré une apparence de vérité. En clair, un raisonnement a priori conforme aux règles de la logique, mais conduisant à une conclusion manifestement fausse : ex. tout ce qui est rare est cher, or un cheval bon marché est rare, donc il est... cher. Un syllogisme bien construit conduit à une conclusion aussi rigoureuse, aussi indiscutable qu'un raisonnement mathématique dans lequel une conclusion est tirée de l'application d'un théorème, c'est-à-dire une règle générale qui est admise parce que sa validité a été démontrée et ne fait plus donc l'objet de discussion.

Appliquons cela au droit. Schématiquement, le syllogisme juridique se décompose de la manière suivante :

• si tout escroc est puni (majeure : règle de droit)

• et il a été établi que M. @ a escroqué Mme Yahoo (mineure : situation de fait),

• alors M. @ doit être puni (conclusion).

C'est la même logique dans un raisonnement judiciaire avec un style indirect dans les pays de tradition française. Le juge dira :

Attendu que les dispositions de l'article 373 du CP prévoient que le vol est la soustraction frauduleuse de la chose d'autrui ; (prémisses majeures)

Qu'en l'espèce M. X a soustrait frauduleusement une somme de 000 million au préjudice de Mme Y en date du... ; (prémisse mineure)

Qu'en conséquence M. X est coupable de vol ou de soustraction frauduleuse de la chose d'autrui ; (conclusion ou jugement).

Ainsi la prémisse majeure est la règle de droit. La prémisse mineure est la question de fait.

• la majeure est la règle de droit,

• la mineure l'énoncé des faits, des faits à qualifier en droit

• la conclusion la décision elle-même. On a une rigueur logique qui rend solide, fiable l'édifice juridique et garantit une application systématique de la loi, mais s'il existe une règle de droit et une seule qui vise les faits en cause et si le contenu de cette règle est suffisamment clair, précis pour ne pas laisser place à ambigüité, discussion.

Mais attention, il ne faut pas réduire le droit en équations comme disent certains auteurs. La réduction du droit à une pure logique formelle ne serait pas compatible avec la finalité essentielle de tout système juridique qui est toujours de régir la vie sociale, qui est donc de ne pas ignorer les réalités concrètes, l'évolution des faits. Il ne faudrait pas que la logique purement formelle en vienne à figer et rigidifier le droit alors que le réel sera toujours complexe et souple à la fois.

Il arrive aussi que le juriste inverse le raisonnement et qu'il parte de la conclusion à laquelle il veut parvenir pour légitimer donc cette conclusion par un raisonnement rigoureux en remontant à des prémisses nécessaires (ce qu'on appelle un syllogisme ascendant ou syllogisme inversé). Pour dire autrement, bien souvent les juristes partent de la solution qu'ils désirent, pour sélectionner des éléments de faits et une règle de droit qui serviront autant d'arguments en leur faveur. Cette méthode est surtout conseillée en consultation juridique ou cas pratique.

Par exemple, l'avocat qui défend une thèse ou l'administration qui souhaite atteindre un résultat déterminé recherche les éléments de fait et les règles de droit qui pourraient justifier cette thèse ou parvenir au résultat voulu. Certains pensent aussi que bon nombre de juges commencent par déterminer en quelque sorte, par intuition, la solution leur paraissant opportune, équitable et qu'ensuite seulement, ils cherchent à la légitimer en motivant leur décision. Et ce en faisant appel bien sûr aux procédés de logique pour lui donner l'apparence d'un résultat de raisonnement juridique, pour donner à penser que cela est irréfutable.

Ce qui est plus facile à faire quand les données de fait et de droit ne s'avèrent pas toujours évidentes, certaines. Ce qu'il faut en effet bien comprendre, c'est que souvent les prémisses du raisonnement juridique n'ont pas la certitude des prémisses d'un raisonnement scientifique :

On ignore souvent, pour ce qui est des faits, ce qui s'est réellement passé, du moins dans l'intégralité.

La qualification de ces faits peut s'avérer hésitante, incertaine.

Et les règles de droit applicables, leur choix, leur interprétation peuvent tout autant donner lieu à des hésitations, soit parce qu'il n'y a pas de règle de droit visant précisément la situation en cause soit, parce que les faits peuvent se rattacher en même temps à des règles différentes, voire contradictoires, soit parce que le sens de la règle applicable suscite discussion, controverse. L'enjeu finalement n'est pas tant une correction, une perfection formelle des déductions, du raisonnement, c'est surtout l'adoption, le choix des prémisses adéquates. C'est là où l'on a discussion. La règle de droit ne procède pas que de la seule raison logique (mais il en faut néanmoins une part significative).

Elle provient de choix philosophiques, moraux, sociaux, techniques. C'est d'abord un arbitrage entre des intérêts opposés. Et donc en filigrane, on a un choix, un balancement entre des valeurs diverses.

SECTION III : LA PRÉPARATION DU COMMENTAIRE

La préparation commence par une lecture attentive du texte. Il s'agit du premier contact avec le sujet, afin d'en saisir le sens général. Cette première étape ne nécessite pas, dans un premier temps, d'approfondissement.

L'approfondissement se fait par étape : il faut entrer dans le texte petit à petit, tout au long de la phase préparatoire. Cette phase s'organise en deux temps :

1- Il est, tout d'abord, nécessaire d'examiner les éléments périphériques du texte.

2- Il faut, ensuite, examiner le contenu du texte et approfondir l'analyse tout en apportant les éléments de connaissance qui vont permettre l'éclairage et l'explication du texte.

PARAGRAPHE I : L' ANALYSE DU TEXTE ET DES ÉLÉMENTS PÉRIPHÉRIQUES

Vous devez prendre le temps de lire le texte attentivement et d'examiner les informations périphériques essentielles à sa compréhension.

Posez-vous systématiquement les questions suivantes :

1- **Quel est le texte ? Quelle est son origine ?**

- Nature du texte (texte législatif ? Texte doctrinal ? Règlementaire ?)
- Origine du texte (qui est l'auteur ? d'où provient-il ?)
- Date du texte (s'agit-il d'une version originale ? Ou bien d'une réédition ?)
- Localisation du texte (s'agit-il d'un texte intégral ou d'un extrait ?)

2- **Quel est le thème général du texte ?**

- Quel est le sens général du texte ?
- Quel est le contexte ?

3- Quel est le contexte du texte

- Quel est l'exposé du motif du texte ?
- Pourquoi tel article à telle époque ?

4- Quel est l'intérêt du texte ? ou

- Quel est le but poursuivi par l'auteur ?

PARAGRAPHE II : DE L' ANALYSE DU TEXTE AU PLAN DU COMMENTAIRE

La seconde phase du travail préparatoire consiste à comprendre en profondeur les éléments du texte à les expliquer et à les critiquer à la lumière de ses propres connaissances.

1- L'analyse du texte

Vous devez procéder à la lecture analytique du texte. Il s'agit de retrouver la démonstration (la structure du texte). Il existe aussi l'analyse logique et grammaticale.

Le texte est un enchainement d'idées qu'il faut l'identifier : il faut alors procéder à l'inventaire de chaque idée contenue dans le texte et parvenir à retrouver le fond derrière la forme. Pour cela, vous devez procéder à une analyse pointue de la structure du texte en vous intéressant notamment aux techniques d'expression écrite. Vous devez être tout particulièrement attentif aux différentes articulations du texte, au style employé, au mode des verbes.

Il faut alors reconstruire un autre commentaire en procédant à la lecture analytique du texte. Le travail d'analyse est fondamental. Ce qui est entendu ici par « glose », c'est l'analyse ou définition presque « mot à mot » du texte apportant des éléments d'explications et de critique extérieurs grâce à vos connaissances.

N'oubliez jamais que commenter c'est analyser, expliquer et critiquer. Le texte n'est isolé, il a un sens à la lumière des éléments contextuels qui l'entourent. Vous devez donc toujours, à partir du texte, donner les éléments d'explication (par exemple, qu'est-ce qui a précédé le texte ? Sur quelle théorie (s) l'auteur se fonde-t-il ? Au moment de sa rédaction, était-il en phase les concepts contemporains ? Ou au contraire, ce texte défendrait-il des idées marginales, novatrices ? Quel est l'objectif poursuivi par l'auteur ? A-t-il eu des répercussions ? Quelle a été la portée du texte ? A-t-il été critiqué ?)

2- L'établissement du plan du commentaire

Le plan du commentaire, nous l'avons déjà dit, se déduit lorsque cela est possible du plan du texte lui-même. Pour cela, vous devez reprendre les idées générales du texte (1re idée, 2e idée, 3e idée) et trouver un intitulé pour chaque idée. Si bien qu'il y a deux (2) ou trois (3) idées principales dans le texte, le plan de votre commentaire comportera deux (2) ou trois (3) parties. En revanche, à partir de quatre idées, il est préférable de les rassembler en deux (2) parties principales.

Former un intitulé pour chaque idée est un travail de synthèse qui consiste à faire un résumé des idées contenues dans chaque partie de texte.

Vous avez la possibilité d'utiliser les mots du texte lui-même pour former vos intitulés. Il faut toujours avoir à l'esprit le texte comme élément de départ.

SECTION IV : LA TECHNIQUE DE RÉDACTION OU DE RÉSOLUTION D' UN COMMENTAIRE DE TEXTE

Il convient d'aborder la présentation formelle du commentaire du texte et la rédaction au brouillon.

PARAGRAPHE I : LA PRÉSENTATION FORMELLE DU COMMENTAIRE DU TEXTE

Rappel : le nombre de subdivisions dépend de la longueur du texte.

Introduction

I- Le titre de la 1re Partie

Chapeau introductif annonçant les sous-parties (A) et (B)

A- Titre de la 1re sous-partie

Développement

Phrase de transition entre le (A) et (B)

B- Titre de la Seconde sous-partie

Développement

Phrase de transition entre le (I) et (II)

II- Le Titre de la Seconde partie

Chapeau introductif annonçant le (A) et (B)

A- Titre de la 1re sous-partie

Développement

Phrase de transition entre (A) et (B)

B- Titre de la seconde sous-partie

Développement

Conclusion (facultatif)

PARAGRAPHE II : LA RÉDACTION AU BROUILLON

Le temps généralement imparti pour cet exercice à l'examen est de **3 heures.** Il apparait donc difficile de réaliser une rédaction intégrale du devoir au brouillon sans prendre le risque de rendre un devoir inachevé.

Nous conseillons cependant de prendre le temps de rédiger certains éléments au brouillon ; notamment, les intitulés **(1),** l'introduction **(2),** les chapeaux introductifs et les transitions **(3).**

A- La rédaction des intitulés

Les intitulés du commentaire du texte doivent être fidèles au contenu du texte ; c'est pourquoi il est possible d'utiliser les mots du texte lui-même pour former les intitulés de votre commentaire. Veuillez tout particulièrement à soigner les intitulés, car, à leur seule lecture, le correcteur doit comprendre le sens du texte.

Les intitulés doivent refléter le plus exactement possible la démarche de l'auteur ;

Illustration

- Si l'auteur s'interroge…l'interrogation sur…
- Si l'auteur rappelle un principe…le rappel du principe de…
- Si l'auteur énonce une règle…L'énoncé de la règle de…
- Si l'auteur pose une interdiction…la défense de…
- Si l'auteur formule une idée…la formulation de…

B- La rédaction de l'introduction

L'introduction a pour objectif de présenter le texte. Vous devez alors réutiliser le travail préparatoire (analyse des éléments périphériques.)

Il existe un schéma d'introduction qui peut être utilisé dans la plupart des cas. Celle-ci comporte plusieurs éléments indispensables afin de donner une vue d'ensemble du texte.

1- *L'accroche*

Il s'agit de la phrase par laquelle vous devez débuter votre commentaire. Cette phrase peut être, par exemple, une citation d'un autre auteur ou d'un document relatif au thème du texte. N'oubliez pas que l'accroche doit toujours avoir un lien évident avec le texte que vous commentez.

2- *L'exposé du contexte*

Vous devez ensuite amener progressivement le texte. Ainsi, il faut situer le texte dans son contexte historique et juridique.

Il s'agit d'expliquer le pourquoi du texte à l'époque. Il existe un motif pour lequel le texte a été initié. Le contexte du moment de la législation peut varier du moment du commentaire. Le candidat doit être suffisamment réfléchi et plein de pédagogie à ce niveau.

Attention, toutefois à ne conserver et à n'utiliser que les éléments utiles et pertinents à la bonne compréhension du texte.

3- *La mise en situation du texte*

Il faut expliquer quelle est la nature du texte, qui en est l'auteur ou quelle est l'origine, à quelle date a-t-il été écrit, s'il s'agit d'un extrait ou d'un texte intégral, d'une version originale ou d'une tradition, etc.

Il faut alors expliquer quels sont l'objet du texte et les raisons de ce texte.

Ce travail, qui consiste à resituer les éléments au regard du contexte, permet également d'éviter les anachronismes.

4- *L'intérêt du texte*

L'intérêt du texte correspond au but poursuivi par l'auteur du texte. Il s'agit de dire en quoi le texte est particulièrement intéressant pour la compréhension de telle époque, ou de tel événement.

5- *La problématique*

La problématique demeure la question pertinente formulée sur la base d'un texte soumis à votre commentaire. Que le texte soit composé ou linéaire, dès sa lecture, le candidat doit avoir les premières interrogations qui naissent en lui. On peut formuler le problème de droit en utilisant certains mots du texte.

6- L'annonce du Plan

L'annonce du plan doit être explicite. Vous devez annoncer les parties du commentaire du texte ; ainsi vous ferez apparaitre la démonstration poursuivie par l'auteur.

7- La rédaction des chapeaux introductifs et les transitions

Nous vous invitons également à rédiger les chapeaux introductifs ainsi que les transitions entre chaque Partie et entre chaque sous-partie au brouillon (si le timing vous le permet). Par ailleurs, il est recommandé, de soigner les chapeaux et transitions afin de mettre en valeur la cohérence de l'ensemble de votre devoir.

8- La rédaction de la Copie

La rédaction de la copie se construit par la présentation de la copie elle-même, le développement, la conclusion et la relecture.

9- La présentation de la copie

Le commentaire du texte doit être intégralement rédigé, l'utilisation des abréviations ou de la rédaction d'idée sous forme de tirets est à proscrire.

- **le plan du devoir**

Simple comme pour l'exercice de la dissertation juridique est apparent.

- la copie doit être propre, aérée, lisible et soignée, comme on l'a noté. N'hésitez pas à sauter les lignes entre chaque partie et sous-partie.
- Veillez à la précision du vocabulaire.
- Soignez l'orthographe et la ponctuation.

Soignez la césure des mots (entre deux syllabes).

10- La rédaction des développements

Grâce au travail préparatoire (qui doit être sérieux). Les développements n'ont plus qu'à être repris et reformulés grâce à des phrases complètes (rédigées en français).

Les développements peuvent également suivre un schéma précis :

Il faut partir du texte. Il s'agit de l'élément de départ sur lequel repose le commentaire.

Concrètement, il s'agit d'introduire (de citer) le texte.

Il faut ensuite donner les éléments d'explication et de critique.

11- La rédaction de la conclusion

Il existe traditionnellement deux conceptions de la conclusion : il y a ceux qui estiment qu'elle est inutile puisque la démonstration a été menée tout au long du devoir (elle n'apporterait donc rien) ; et ceux au contraire qui estiment qu'un travail complet et abouti est un travail qui comporte une Introduction, des Développements et une Conclusion.

Il faut, en effet, manier la conclusion avec précaution.

S'il s'agit de résumer votre devoir sans rien ajouter à ce que vous avez déjà dit, elle semble alors inutile. En revanche, elle apparait judicieuse (elle est même encouragée dans cette hypothèse). Si elle vient souligner la portée du texte (le but visé par l'auteur a-t-il été atteint, quelles furent les conséquences ?).

12- La relecture du devoir

Cette étape est particulièrement importante. Elle vous permettra de corriger certaines formulations maladroites, certains mots oubliés, ou encore certaines fautes d'orthographe, de conjugaison de grammaire ou de syntaxique.

CHAPITRE VI

LE CAS PRATIQUE ET LA CONSULTATION JURIDIQUE

Le cas pratique semble être l'exercice, le moins exigeant qu'il soit dans la résolution des sujets. Toutefois, il faut toujours faire attention aux énoncés et éviter les solutions basiques.

Il importe de faire un focus sur la différence entre le cas pratique et la consultation avant la présentation de la structuration de la réflexion sur les sujets.

SECTION I : LA NOTION DE CAS PRATIQUE ET LA CONSULTATION JURIDIQUE

Le cas pratique est un exercice qui vous demande de résoudre un problème posé par une situation de fait.

Demande de conseil. Le cas pratique est un exercice juridique qui, à l'instar d'une personne se trouvant en situation de litige avec autrui, demande conseil. C'est un exercice qui se dédouble :

• soit le **cas pratique *stricto sensu*,** exercice composé de problèmes juridiques que l'étudiant doit résoudre en toute neutralité ;

Le style imposé : un exposé objectif dans lequel le rédacteur ne s'adresse à personne. Exemple : *« nous pensons…nous estimons… » Ou « il est évident que……il semble que… », « il faudra que… … … », « il apparait… »*

• soit la **consultation juridique,** l'étudiant est à la place de l'avocat, du conseiller juridique, du consultant, recevant un client et doit envisager toutes les situations pour en retenir une seule.

Il y a deux styles de rédaction.

1- Une lettre *au « client. »*

Ce style est valable, l'avis demandé prend la tournure d'une lettre.

2- C'est une consultation proprement dite, dans une formule solennelle utilisée par le professionnel, le rédacteur se désigne à la troisième personne du singulier comme *« le consultant. »*

Exemple : *le consultant soussigné, a été consulté pour donner son avis…* »

L'énoncé se présente donc sous la forme de faits qu'il s'agira de trier afin de tirer les conclusions juridiques qui s'imposent.

Procédant de la même manière que pour l'analyse du commentaire du texte, nous envisagerons tout d'abord la méthode, puis illustrerons nos propos par des exercices corrigés.

Pas de technique de plan

La méthodologie du cas pratique diffère sensiblement des deux autres exercices traditionnels proposés aux examens, en ce sens qu'il n'existe pas à proprement parler de technique de plan : apparent ou implicite, c'est au choix. Nous conseillerons tout de même aux étudiants d'adopter un plan apparent pour les obliger à en acquérir la technique et à structurer tant leur copie que leur esprit.

SECTION II : LA STRUCTURATION DE LA RÉFLEXION

Il ne faut cependant pas croire qu'il s'agit d'un exercice « libre », pouvant être rédigé de n'importe quelle façon : c'est, à coup sûr, une grossière erreur. Nombreux d'étudiants, même à la fin de leur cursus universitaire, ne savent toujours pas structurer leurs réflexions sur un cas pratique (ceci vaut malheureusement pour tous les exercices juridiques). Il s'agira donc de montrer le découpage et la technique à acquérir lors de la rédaction d'un cas pratique.

PARAGRAPHE I : LA LECTURE ET LA RELECTURE DU SUJET

Si ce premier travail est très important lorsqu'il s'agit d'un commentaire d'arrêt ou de texte, il l'est plus encore en face d'un énoncé de cas pratique. En effet, le cas pratique est en réalité un exercice qui s'apparente à une consultation juridique certes, moins complexe dans les faits, mais qui n'en offre pas moins une multitude de détails ayant plus ou moins d'importance : à l'instar du client qui raconte les faits pêle-mêle à son avocat, l'étudiant doit lire un énoncé concentrant des faits de toute nature sans forcément de lien logique. Si l'avocat doit trier du mieux qu'il peut les dires de son client, afin de ne retenir que l'essentiel du moins au départ, il en est de même de l'étudiant devant le cas qui lui est proposé.

N.B. *La notion des faits essentiels et non pertinents.*

➢ **Les faits essentiels**

Il faut rappeler le principe de rigueur faisant le candidat très concentré et intéressé au sujet à résoudre. Les faits constituent la source fondamentale du litige qui oppose deux ou plusieurs parties. Ils s'analysent de la manière suivante.

A- L'analyse des faits pertinents

Après avoir écarté les faits qui ne sont réellement d'aucune utilité à la résolution du cas pratique, l'étudiant doit examiner chaque fait pertinent pour l'analyser. En effet, et cela est très fréquent dans les cas pratiques proposés, le fait « **brut** » tel qu'il résulte de la lecture du sujet ne correspond pas forcément à ce qu'il devait être en le transcrivant d'un point de vue juridique.

Certains faits de l'énoncé du cas pratique manquent de précision : il faut alors noter cette imprécision, car elle doit conduire l'étudiant à envisager plusieurs solutions alternatives. *Par exemple*, si l'énoncé d'un cas omet de préciser le régime matrimonial applicable à un couple, l'étudiant doit envisager toutes les situations possibles.[36]

B- L'Avis objectif sur la situation juridique

L'étudiant perspicace est celui qui arrive donc à conseiller efficacement son client tout en ne négligeant pas ce qui peut lui faire tort : telle est la subtilité de cet exercice qui oblige ainsi à prendre parti, alors que la situation n'est pas forcément favorable à celui qui demande conseil.

C- La possibilité de plan

En termes d'introduction, il y a possibilité d'en à faire en deux :

La rédaction de l'introduction est similaire à celle du commentaire d'arrêt, si ce n'est qu'elle ne comporte évidemment pas les mêmes éléments. En fait, deux introductions sont possibles, suivant la méthode choisie pour structurer le corps du devoir : si la méthode du plan retenue, l'introduction sera plus longue, intégrant les faits

---

[36] *En Guinée le code civil n'est pas exhaustif sur ce sujet (régime matrimonial), toutefois, il précise à son article 612 qu'Il existe deux régimes matrimoniaux : la communauté des biens et la séparation des biens.*

pertinents tels quels et le problème de droit général ; on parlera donc d'un *(cas pratique ouvert),* si la méthode de l'analyse juridique fait après fait est choisie, ou si, les questions sont numérotées les unes après les autres, elle sera assez courte, ne présentant que de manière générale le sujet. On parlera alors d'un *(cas pratique fermé).* Dans ce cas on répond directement aux questions telles qu'elles sont posées.

D- La nécessité d'une accroche

Quelle que soit la méthode adoptée, les premières phrases doivent comporter une accroche ou une idée générale sous forme d'entonnoir identique à celle du commentaire d'arrêt, et ce, en quelques mots seulement. Soit juridique, soit extra juridique.

PARAGRAPHE II : L' INTRODUCTION D' UN CAS PRATIQUE AVEC PLAN

Si l'étudiant, comme nous le conseillons, opte pour la méthode du plan, il devra décrire succinctement les faits qui lui semblent intéressants pour la résolution du cas, puis rédiger le problème de droit qui permettra d'annoncer les parties retenues.

- **L'introduction d'un cas pratique sans plan**

S'il opte pour la seconde méthode, il peut passer directement à l'analyse juridique du premier fait qu'il pense être pertinent.

- **La structuration des idées**

Double méthode de structuration des idées.

Après avoir dressé l'éventail des faits analysés juridiquement, il s'agit de les regrouper par idée plus générale, afin d'obtenir un plan sommaire. Une autre méthode consiste à structurer son devoir, faits pertinents, analysés juridiquement.

A- La méthode du plan

Exercice difficile : pour beaucoup de cas pratiques, trouver un plan est un exercice difficile.

Pour ce faire, il faut diviser toutes les idées juridiques qui ressortent de l'analyse faite au brouillon afin d'obtenir deux parties à peu près équilibrées. En réalité, tout comme pour la recherche du plan d'un commentaire d'arrêt, il faut plutôt partir du problème de droit : comment rédiger un plan qui ne correspond à rien ? Or, cette recherche du problème de droit est relativement malaisée, ne serait-ce que parce que les faits, même après avoir été analysés juridiquement, peuvent être très divers et variés (ceci vaut surtout pour les cas pratiques proposés dans les classes supérieures).

Impossibilité vaut le choix de l'alternative ; quoi qu'il en soit, si aucun problème de droit cohérent ne surgit à l'esprit de l'étudiant, mieux vaut choisir la seconde méthode (qui n'est certes pas moins facile).

B- L'analyse fait après fait

Respect de l'ordre des difficultés ; cette technique, que pratiquement tous les étudiants ou candidats, de quelque niveau d'études qu'ils aient atteint, adoptent pour sa soi-disant facilité, consiste donc à prendre le premier fait intéressant et à l'analyser juridiquement, puis le deuxième, le troisième..., dans l'ordre de l'énoncé. C'est parfois la seule solution lorsque le cas pratique n'est constitué que d'une succession de petites questions.

Nécessité d'un plan pour la clarté de l'exposé ; en réalité, il s'agit d'adopter un plan nécessaire tant pour le rédacteur lui-même que pour le correcteur, qui saura ainsi où l'étudiant achemine sa réflexion. Ce plan doit apparaitre en filigrane tout au long du développement de chaque réflexion juridique.

Pour une meilleure résolution du Cas pratique, il y a des étapes juridiques qui conviennent de rappeler.

Étapes de la résolution. Pour chaque élément du cas pratique susceptible de recevoir une réponse juridique, il convient de respecter les étapes ci-dessous.

Si dans un cas pratique ou une consultation juridique, vous découvrez cinq problèmes juridiques différents, vous devez suivre cinq fois cette démarche.

En d'autres termes, les problèmes doivent être traités, de manière complète, les uns après les autres.

Première étape : la qualification juridique des faits

Les faits, tels qu'exposés dans l'énoncé, constituent le point de départ de la réflexion. La première étape du développement logique est la traduction juridique des données factuelles. Il s'agit, à partir d'une description factuelle, de les qualifier juridiquement.

Par exemple, s'il est indiqué qu'un enfant est né pendant le mariage d'un couple, il y a tout lieu de penser que cet enfant est légitime ; si M'bamagan Jalila a dix-huit (18) ans, cela signifie qu'elle est majeure ; si Sinimaghan Saïd accorde une somme d'argent à Jalila destinée à lui être remboursée le 1er du mois suivant, alors on est en face d'un prêt; si Fanta Neyla achète un code civil d'occasion à Abdoul Aziz, cela doit être compris comme étant un contrat de vente entre Fanta Neyla et Abdoul Aziz.

Parfois, cette qualification est plus complexe, car ça génère l'équivoque. Dire d'un couple qu'il est « séparé », signifie-t-il qu'il est simplement séparé de fait ou qu'un divorce est intervenu ?

Deuxième étape : l'identification de la règle de droit

La deuxième étape consiste à trouver la règle de droit applicable. Il s'agit de dire, au vu des éléments de faits et des problèmes juridiques posés, quelles sont les règles juridiques dont on doit envisager l'application. C'est ici que se situe la justification de la solution qui sera donnée. Il faut citer les sources de la règle applicable et bien penser à toutes les normes : la loi, la jurisprudence, la doctrine, notamment quand elle a construit des théories spécifiques (Rémy Cabrillac, et l'application de la loi dans le temps, par exemple).

Il faut éviter de se poser des questions qui ne concerneraient pas les faits du cas pratique.

Il convient de rappeler que, dans un pays de tradition romano-germanique comme la Guinée, la source première de droit demeure la loi, en première et deuxième année un ou plusieurs articles du Code civil. Cette remarque vise à contrer le réflexe de beaucoup d'étudiants et de praticiens qui consultent frénétiquement le dernier arrêt paru sur le sujet avant de s'interroger sur la loi à appliquer. Certes, il ne faut jamais oublier que le législateur contemporain est prolixe, ce qui rend la tâche d'identification de la loi applicable moins évidente qu'il n'y parait.

La règle de droit ou la « norme » est plus complexe de la Licence 3 jusqu'en Master 2.

Troisième étape : la vérification des conditions d'application de la règle de droit

La règle de droit doit être appliquée. Encore faut-il vérifier que les conditions d'application de la règle sont réunies. Est-ce les dispositions de l'article 373 du Code pénal incriminant le vol est applicable à un enfant qui a soustrait frauduleusement l'argent au préjudice de son père en co-action avec d'autres personnes ?

Quatrième étape : la présentation du cours relatif à la règle de droit

Il faut donc exposer, à propos de cette règle, le concept général de droit qui s'y rattache. Il doit être présenté de manière concise et précise : les conditions d'application, les effets, les sanctions, les recours, tout ceci en rapport évidemment avec le sujet. Il ne s'agit pas d'étaler le cours pour montrer que l'on a appris par cœur la matière.

Il ne faut oublier aucun détail pertinent et faire la démonstration de toutes les hypothèses possibles.

Cinquième étape : complément de la règle de droit par la jurisprudence et la doctrine

Ainsi, chaque fait sera analysé juridiquement, puis la solution parmi toutes celles qui ont été développées que l'étudiant conseille ou expose. Toutefois, à chaque concept juridique étudié, et avant de donner la solution retenue en fin de compte, il faut étayer le plus possible l'exposé théorique en développant la doctrine et les jurisprudences utiles à la compréhension de ce que l'étudiant affirme ; ceci vaut d'ailleurs pour tout exercice juridique.

Sixième étape : l'application de la règle de droit éclairée par la jurisprudence et la doctrine aux faits d'espèce

La dernière étape consiste à appliquer les solutions présentées aux faits d'espèce tels que décrits dans l'énoncé du cas pratique.

La réponse n'est pas obligatoirement péremptoire : un cas pratique n'est pas un QCM dont les questions permettent une réponse d'un oui ou d'un non. La qualité essentielle d'une copie réside dans la richesse de son raisonnement et non dans la justesse de la solution.

Autrement dit, que la réponse finale soit juste ou fausse est bien moins important que le respect des quatre autres étapes de la procédure.

Structure générale du plan :

Rappel ;

Introduction

Phrase d'accroche

L'exposé des faits

La qualification et les textes applicables

Développement

Résolution du cas

Conclusion

Vous donnez juridiquement des conseils relatifs au cas présent ou à tout autre cas similaire.

Exemple : nous estimons que…

CHAPITRE VII

LA NOTE DE SYNTHÈSE

La note de synthèse parait dans notre système d'enseignement universitaire comme étant un exercice étranger, qui, pour son exposé, il sera judicieux de mettre l'accent sur ses généralités avant d'aborder sa méthodologie particulière de rédaction.

SECTION I : LES GÉNÉRALITÉS SUR LA NOTE DE SYNTHÈSE

PARAGRAPHE I : LA DÉFINITION ET LES PRÉCISIONS SUR LA NOTE DE SYNTHÈSE

Il convient de rappeler d'ores et déjà que la note de synthèse n'est pas un exercice intégré dans le programme enseigné aux Étudiants en Droit. Toutefois, elle peut prévoir expressément comme étant le mode d'épreuve dans certains concours de métier de Droit, tel est le cas du concours d'accès à la Cour des comptes de Guinée.

Ainsi, les dispositions du décret D/2016/N°033/PRG/SGG/ du 5 février 2016 portant fixation des conditions d'accès à la Cour des comptes de Guinée prévoient que l'épreuve d'admission à la Cour des comptes peut porter sur la rédaction d'une note de synthèse relative à l'étude juridique, budgétaire, financière ou comptable, pour une durée de 4 heures.

Qu'est-ce que c'est une note de synthèse ?

La note de synthèse est un exercice technique permettant au candidat ou à l'auteur de rendre compte d'un ensemble de documents, plus ou moins nombreux, de manière précise, concise, claire, logique, de façon fidèle et complète afin que le destinateur (correcteur ou hiérarchie) puisse se faire rapidement un avis sans avoir besoin de recourir aux documents de bases.

Aussi, l'on peut définir la note de synthèse comme étant un exercice reprenant de façon méthodique et pertinente les thématiques relatives à un sujet donné par un ensemble de ressources, voire proposant des solutions concrètes si telle est la consigne.

Elle peut être dans le cadre d'un **concours administratif** tout comme dans une **situation professionnelle**.

La première est adressée à un jury et résolue dans une durée de 4 heures environ et l'autre est adressée à la hiérarchie et rendue suivant une date de restitution.

Il importe de préciser que la note de synthèse est différente de la note administrative, d'information, du résumé des textes contenus dans le dossier, compte rendu de réunion, etc.

Ainsi, elle a pour objectif de mettre en évidence les qualités de compréhension, de clarté, de pertinence, de rigueur, de concision et de fidélité du candidat aux documents de référence.

En outre, elle détermine la capacité de l'auteur ou candidat à synthétiser un corpus de texte dense, très long, dans un temps très court en se basant uniquement sur le corpus et à la présenter de façon organisée.

Aussi, il permet d'apprécier la culture et l'ouverture du candidat au monde, l'aptitude à l'analyse et au questionnement ainsi que la capacité à se projeter dans le futur d'environnement professionnel.

Il est conseillé au candidat d'être curieux des environnements institutionnel, juridique, économique, social, politique et culturel, car les dossiers sont souvent orientés dans ce sens-là et de savoir :

• Faire ressortir les informations saillantes des documents ;

• Rassembler les éléments essentiels pour en faire un écrit structuré, cohérent ;

• s'écarter des éléments extérieurs et des commentaires personnels ;

• Lire et utiliser tous les documents pertinents ;

• Lire et analyser les documents dans leur ordre de publication et

• Faire la différence avec un résumé de document.

+ le distinguo entre la note de synthèse et le résumé

1- Le résumé ne répond à aucune thématique ou problème de droit spécifique.

2- La note regroupe obligatoirement plusieurs documents de sources diverses alors que le résumé ne se pratique que sur un seul document.

3- La note présente une introduction et conclusion formalisées alors que le résumé en est dispensé.

+ les différentes notes

1- La note administrative est un acte qui ne comporte que des documents ou actes administratifs, règlementaires, comptables, financiers, etc.

2- La note d'information est un acte administratif unilatéral adressé au public ou aux différents services alors que la note de synthèse s'adresse à un supérieur hiérarchique ou à un jury constitué.

Exemple d'un sujet :

« À l'aide des seuls documents joints, vous exposerez le problème lié à la réforme des finances publiques en République de Guinée. »

Lorsque de tel sujet est donné, il sera accompagné de plusieurs documents dont il convient d'analyser.

PARAGRAPHE II : LA LECTURE ET ANALYSE DE DOCUMENTS

Les documents versés au dossier de la note de synthèse sont volumineux et varient généralement entre 30 à 50 pages. Il est conseillé de faire une prise de connaissance des documents par consultation sommaire.

Première étape : la prise de connaissance sommaire du dossier

La technique de consultation sommaire permet au candidat de s'approprier du sujet et obéit à certains critères de choix des documents. Il s'agit d'abord des ***critères majeurs,*** il faut établir le rapport à l'objet et la fiabilité des documents. Aussi, le rapport partiel, donner un éclairage complémentaire afin d'établir un ordre de priorité entre les documents.

Quant aux ***critères seconds,*** il convient de veiller soigneusement sur la date d'édition des documents afin de prioriser les plus récents. Tenir compte de la forme ou le contenu des documents qui peuvent comporter des tableaux, graphiques, des images ou magazines, vidéos, etc.

Deuxième étape : la lecture d'analyse des documents

Au cours de cette lecture, le candidat détermine la catégorie de chaque document. Il existe des documents par priorité, mais qui ne sont souvent pas présentés par ordre d'importance. C'est l'examen en la forme avant le fond. Il appartient à l'auteur d'établir cet ordre. Le faisant, il faut rechercher d'abord le ou les documents ***pivots*** qui regorgent l'essentiel des informations du sujet. Ensuite, le document ***complémentaire***, qui donne quelques précisions sur certains aspects du sujet. En plus des documents ***redondants*** qui relatent des informations déjà contenues sur les autres documents et enfin des documents ***parasites*** ayant pour objectif d'induire le candidat en erreur. Certains sujets de concours recèlent de petits pièges : certains dossiers documentaires vous mettent face à ces textes redondants et parasites pour permettre au jury de s'assurer de votre bon sens et de votre logique dans la résolution des sujets. Toutefois, ces derniers sont devenus très rares dans les notes de synthèse de concours.

À l'analyse de ces documents, doivent être établies, des familles d'idées grâce aux récurrences trouvées dans les documents.

Ces documents sont toujours de plusieurs types entre autres, l'extrait d'un ouvrage, les textes de loi, articles de presses, circulaires, revues techniques et/ou professionnelles, des actes administratifs, comptables, financiers, fiscaux, etc.

Une fois que les documents sont dépouillés, il faut faire le bilan des documents. Cet inventaire au bénéfice du sujet permet de relever des idées et informations de tous les documents. Il peut permettre de révéler que le sujet est critique, montrant ainsi, un aspect positif ou négatif, c'est là, l'inspiration de la problématique du sujet.

En dépit des variantes dans le sujet, il subsiste deux Types de sujets possibles ou deux grandes catégories :

Un sujet sans mise en contexte : « À l'aide du dossier ci-joint, l'auteur rédigera une note de synthèse. »

1. Un sujet avec mise en contexte : « La Cour des comptes, lors de son contrôle de 2020 a fait des observations et recommandations sur la gestion d'un organisme de l'État pour les exercices 2018 à 2020 relatives à l'élaboration, exécution du budget et de recours aux marchés publics. Il vous demande de lui préparer une note faisant l'état aux questions.

Troisième étape : la technique de prise de note

La technique de prise de note en note de synthèse ne s'écarte pas trop de celle pratiquée au cours des lectures dans les bibliothèques. Cependant, la particularité (répertoire d'idée) dégagée mérite une haute attention.

- **la méthode de répertoires d'idées**

La prise de note par répertoires d'idée se fait sur un brouillon ou on use du surlignement à la même couleur les familles d'idées retrouvées dans les différents documents.

L'on peut, selon les cas, choisir une feuille, un répertoire (groupe ou famille d'idées) tout en sachant que les répertoires sont amenés à évoluer, à être supprimés au fil des lectures, cela permettra d'éviter les doublons d'informations et oblige à trouver les idées principales et à regrouper les idées secondaires, utiles dans la recherche du plan permettant de se représenter assez précisément le volume d'idées utiles de chaque niveau de la conception afin de ne pas avoir une note de synthèse trop longue.

En gros, les répertoires d'idées d'analyse renvoient aux réservoirs d'idées pour la rédaction de la note de synthèse.

Quatrième étape : la détermination de la problématique d'une note

La détermination de la problématique obéit à la même démarche que les autres exercices juridiques. Elle doit tenir compte de l'ensemble des problèmes transversaux à tous les documents et mettre en évidence les possibles questions convergentes et leurs divergences résultant des documents. On pose une question pertinente.

Il importe de préciser que la problématique ne doit pas être répondue par un OUI ou par un NON.

Pour répondre à la problématique, l'on doit savoir l'étendue du problème, la confrontation des textes pose-t-elle ?

Sur le brouillon, l'on peut introduire par ''en quoi le sujet est important ?'', '' Dans quelle mesure?'', «

Comment ?'' ''Par quels moyens ?'', quels sont les thèmes complémentaires ? Quels sont les axes de confrontation ?

Pour savoir que la problématique est pertinente, il convient de se poser les questions ci-après.

• « Est-elle dans l'un des thèmes ? »

• « Peut-on en déduire un plan ? »

• « Permet-elle de dégager des critères de sélection pour les documents ? »

• « Montre-t-elle l'importance du sujet ? »

• « Oriente-t-elle la recherche ? »

• « Permet-elle d'établir un lien logique entre les parties et les répertoires qu'on a trouvés ? »

Rien ne s'oppose qu'on cite le numéro du document dans lequel l'on a tiré sa problématique.

Cinquième étape : l'annonce du plan

Il faut rappeler que la problématique et le plan doivent tous découler des documents soumis à la synthèse.

Il doit, à l'image de la dissertation juridique, être un plan binaire ou bipartite permettant de répondre convenablement à la problématique posée.

Les répertoires d'idée servent fondamentalement à trouver la problématique et le plan qui la répond.

Si l'on a pris soin de hiérarchiser les idées (par ordre d'importance) en cours de lecture, on gagnera du temps lors de la phase de rédaction. L'idéal est de construire un plan précis qui permettra de rédiger rapidement votre synthèse.

SECTION II : LA RÉDACTION DE LA NOTE DE SYNTHÈSE

La rédaction, la structure de la note de synthèse constituent le contenu de ce chapitre.

La note de synthèse est un exercice très codifié et concret. Sa structure comporte trois parties standards. Il s'agit de l'introduction, le développement et la conclusion.

PARAGRAPHE I : L' INTRODUCTION DE LA NOTE

À la différence des autres exercices juridiques, la note de synthèse est composée de quatre parties ci-après :

1- ***La phrase d'accroche.***
2- ***Le rappel du contexte.***
3- ***La problématique.***
4- ***L'annonce du plan.***

1- La phrase d'accroche

La phrase d'accroche ou l'amorce du sujet ou encore le stimulus doit ressortir les 5 caractères évoqués dans l'introduction de la Dissertation juridique. Elle doit être soignée, car c'est la première phrase lue qui amène ainsi le sujet. Ça démontre la qualité de la plume du candidat.

2- Le rappel du contexte

Le rappel du contexte, des faits ou de la loi (en fonction du sujet) qui pose le cadre de la note de synthèse. Il relate le contexte général dans lequel s'inscrit le dossier. Il évoque également les documents de façon brève sans trop les résumer (une brève phrase par document avec le n° de page de chaque document). Il doit conduire logiquement à la formulation de la problématique, donc il faut éviter de juxtaposer de microrésumés, mais plutôt montrer comment la problématique s'actualise en eux.

3- La problématique

La précision des enjeux, des problèmes évoqués dans la synthèse. Celle-ci permet d'exprimer la problématique, ce que l'on veut démontrer dans cette note de synthèse. Ce qui fait l'intérêt du sujet sans toutefois dévoiler les idées qui apparaitront dans le développement.

4- L'annonce du plan

L'annonce de la manière dont vous allez traiter le sujet (le plan) en mettant en évidence les deux parties qui structureront la note de synthèse.

L'introduction peut se faire sur une demi-page environ ou une page à la limite.

PARAGRAPHE II : LE DÉVELOPPEMENT DE LA NOTE DE SYNTHÈSE

En tenant compte des conseils généraux dans le cadre de la rédaction scientifique suivant le plan binaire, il faudra ajouter que la particularité dans la note de synthèse est que chaque paragraphe ou argument doit être renvoyé au document dans lequel l'on a puisé. Cela peut se faire entre les parenthèses. Exemple : (doc 1), (doc 3), (doc 7), etc. Dans chaque paragraphe, une idée, un exemple.

L'on aime dire que l'analyse critique de la situation plus la perspective d'évolution du thème équivalent à la solution apportée à la question.

Le développement se fait suivant un plan détaillé en 2 parties et 4 sous-parties. Ce plan bipartite peut être à double hiérarchie comme celui ci-dessous tout comme celui à triple hiérarchie.

Pour rappel, entre le I et le A, il y a un chapeau ou chapôs qui annonce les A et B. entre le B de I et le II, il existe une transition ou une phrase transitoire.

A : Les plans possibles

✓ **Plan à double hiérarchie**

Partie I – Titre		**Partie II – Titre**
Chapeau	**Transition**	Chapeau
sous-titre 1		sous-titre 1
sous-titre 2		sous-titre 2

✓ **Plan à triple hiérarchie**

Partie I – Titre		**Partie II – Titre**
Chapeau		**Chapeau**
A		A
1	**Transition**	1
2		2
B		B
1		1
2		2

A- Les informations relatives au plan dans la note de synthèse

❖ **les différents types de plan**

1. Plan historique : point de vue chronologique (plan cause/conséquence par exemple) pas pertinent pour la note de synthèse, éviter l'« avant, après ».

2. Plan analytique ou thématique : propositions de différents angles d'analyse du sujet/d'une notion type : Qui, quoi, A qui, comment, pourquoi ?

3. Plan notionnel : par domaine, par fonction, par catégorie, par acteurs.

4. Plan antithétique ou binaire : les textes se répondent et développent des divergences.

5. Plan dialectique : thèse, antithèse, synthèse. Plan avec conflit dans les deux premières parties et dans la résolution dans la troisième.

❖ **Qu'est-ce qu'un plan réussi ?**

- Il correspond à la problématique.
- Il rend compte de tous les aspects du problème.
- Il est progressif : les idées s'enchainent logiquement.
- Il comporte des transitions et des liens logiques, mettant en évidence sa structure.

- Il permet de traiter les documents ensemble, et non successivement.
- Ses parties sont à peu près de la même longueur.

Sachez qu'à ce stade, le jury cherche à vérifier vos aptitudes plus que vos connaissances. La rédaction suit le classement en fonction du volume, le type, la date des documents. Le candidat doit partir du plus simple au plus complexe, les ressources des documents, les plus précis (articles scientifiques, publications professionnelles, revues techniques) pour finir par la lecture des textes officiels. Ainsi, il est déconseillé de suivre l'ordre du dossier sauf si l'ordre obéit aux critères établis ci-haut.

- **la formulation des titres**

Les titres doivent être informatifs, évocateurs, partiaux, objectifs et construits à travers les documents. Les titres ne doivent pas comporter de verbe conjugué, de conjonctions, de coordination (sauf exception), de connecteur logique. Ils ne commencent pas par une lettre majuscule et ne se terminent pas par un point. Les titres ne sont pas des phrases.

La rédaction de la note de synthèse dégage des styles de raisonnement basés sur le choix des idées pertinentes dans les paragraphes ou structure de raisonnement.

Première structure : il s'agit de la structure a priori. Le candidat qui opte à cette structure de raisonnement fait apparaitre les idées fortes au début de son paragraphe dans le but d'attirer l'attention du correcteur ou la hiérarchie. C'est le style journalistique.

Deuxième structure : c'est la structure a posteriori. Ici, l'auteur suit un raisonnement lui permettant d'aboutir à l'idée essentielle vers la fin de son paragraphe.

Troisième structure : c'est la structure a contrario. Cette forme de raisonnement permet au candidat d'être exhaustif possible en abordant les principes et leurs exceptions avant de tirer une conclusion dans le paragraphe.

Quatrième structure : ce sont des raisonnements en parallèle ou à similitude qui permettent au candidat d'avoir une option dans le raisonnement. Souvent les documents peuvent en soi permettre de raisonner parallèlement ou la compréhension peut occasionner ceci.

Les conseils à y veiller.

Le candidat doit écrire lisiblement pour que la copie soit aérée (alinéas, sauts de ligne). Il doit retranscrire les idées avec ses mots, pas de copier-coller.

Il doit veiller sur le respect du poids de chaque partie du texte : contrairement à la dissertation juridique, l'introduction et conclusion de la note de synthèse occupent 1/5 et 4/5 pour le développement.

Il ne faut pas utiliser le pronom personnel « je », mais plutôt la 3e personne du singulier « on », « il. »

Éviter le langage oral, les phrases exclamatives, les tirets et de phrases sans verbes. Phrases avec sujet – verbe, pas trop longue (15 à 20 mots par phrase). Ne pas trop utiliser les pronoms relatifs « qui », « que ».

Citations courtes entre guillemets en précisant les sources.

Par exemple : « Ainsi, comme l'a indiqué Madame Y dans un récent article *du Guinéematin, laguinee.info… .»*

Ne pas écrire « comme cela est écrit dans le document … .»

• Signification des sigles d'abord puis le sigle entre parenthèses comme « Électricité de Guinée (EDG) » ensuite, seulement le sigle.

• Ne pas écrire d'abréviations telles que « maj, éco, fran, art, al,… ».

• Être précis, éviter les verbes et mots aux sens large (être, avoir) ;

• Utiliser des connecteurs logiques, structurer votre texte.

• Siècles en chiffres romains. Quand le déterminant qui précède est au pluriel, le nom siècle s'accorde par exemple : « les XVIIe et XVIIIe siècles. »

• Écrire les nombres en chiffres dans les textes scientifiques, techniques ou statistiques et dans la correspondance administrative.

• Également dans les cas suivants : les nombres d'un (1) à neuf (9) inclusivement, les textes à portée juridique, quand un nombre exprime une durée âge, nombre d'années, de mois, de jours, d'heures, de minutes, de secondes) comme dans « la traversée dure sept heures », et dans les fractions d'heures suivant midi et minuit : minuit et quart, midi quarante-cinq ; en début de phrase. Dans certains contextes toutefois (année, numéro de page, division d'un ouvrage), le nombre s'écrit toujours en chiffres.

PARAGRAPHE III : LA CONCLUSION DE LA NOTE DE SYNTHÈSE

La conclusion n'est pas obligatoire dans la note de synthèse administrative, toutefois elle est fortement recommandée dans les concours, car elle permet de donner une structure « finie » à votre travail.

Elle ne doit pas refléter votre avis personnel sur le dossier documentaire à moins que cela vous soit expressément demandé.

Il s'agit de trouver dans le dossier des éléments pouvant faire office de conclusion : projection, ouverture, renvoi à un phénomène de société…

A- Différence entre introduction et conclusion

L'introduction de la note de synthèse part du général au particulier. Ça s'appelle, la formule de l'entonnoir.

Il a été dit, elle comporte de la phrase d'accroche, l'analyse ou l'enjeu du sujet, le problème et le plan.

Quant à la conclusion, elle part du particulier au général.

Elle commence par la reprise des étapes du raisonnement, puis une réponse claire à la problématique, élargir thématiquement, comparer ou renvoyer spatialement ou future proche.

B- La Relecture de la note de synthèse

La relecture de la copie est une étape essentielle à ne pas négliger sous peine de perdre des points.

Elle permet de perfectionner sa copie, de vérifier la ponctuation et de corriger les éventuelles fautes d'orthographes et syntaxiques. (S'appuyer sur les fiches d'aide distribuées et essayer de les apprendre et mettre en application).

TABLE

Structures éditoriales du groupe L'Harmattan

L'Harmattan Italie
Via degli Artisti, 15
10124 Torino
harmattan.italia@gmail.com

L'Harmattan Hongrie
Kossuth l. u. 14-16.
1053 Budapest
harmattan@harmattan.hu

L'Harmattan Sénégal
10 VDN en face Mermoz
BP 45034 Dakar-Fann
senharmattan@gmail.com

L'Harmattan Cameroun
TSINGA/FECAFOOT
BP 11486 Yaoundé
inkoukam@gmail.com

L'Harmattan Burkina Faso
Achille Somé – tengnule@hotmail.fr

L'Harmattan Guinée
Almamya, rue KA 028 OKB Agency
BP 3470 Conakry
harmattanguinee@yahoo.fr

L'Harmattan RDC
185, avenue Nyangwe
Commune de Lingwala – Kinshasa
matangilamusadila@yahoo.fr

L'Harmattan Congo
67, boulevard Denis-Sassou-N'Guesso
BP 2874 Brazzaville
harmattan.congo@yahoo.fr

L'Harmattan Mali
Sirakoro-Meguetana V31
Bamako
syllaka@yahoo.fr

L'Harmattan Togo
Djidjole – Lomé
Maison Amela
face EPP BATOME
ddamela@aol.com

L'Harmattan Côte d'Ivoire
Résidence Karl – Cité des Arts
Abidjan-Cocody
03 BP 1588 Abidjan
espace_harmattan.ci@hotmail.fr

L'Harmattan Algérie
22, rue Moulay-Mohamed
31000 Oran
info2@harmattan-algerie.com

L'Harmattan Maroc
5, rue Ferrane-Kouicha, Talaâ-Elkbira
Chrableyine, Fès-Médine
30000 Fès
harmattan.maroc@gmail.com

Nos librairies en France

Librairie internationale
16, rue des Écoles – 75005 Paris
librairie.internationale@harmattan.fr
01 40 46 79 11
www.librairieharmattan.com

Librairie l'Espace Harmattan
21 bis, rue des Écoles – 75005 paris
librairie.espace@harmattan.fr
01 43 29 49 42

Lib. sciences humaines & histoire
21, rue des Écoles – 75005 paris
librairie.sh@harmattan.fr
01 46 34 13 71
www.librairieharmattansh.com

Lib. Méditerranée & Moyen-Orient
7, rue des Carmes – 75005 Paris
librairie.mediterranee@harmattan.fr
01 43 29 71 15

Librairie Le Lucernaire
53, rue Notre-Dame-des-Champs – 75006 Paris
librairie@lucernaire.fr
01 42 22 67 13

www.ingramcontent.com/pod-product-compliance
Lightning Source LLC
LaVergne TN
LVHW021210061026
849535LV00008B/2667
9782336503707